Horst Eckert

Der geniale Zetteltrick

Kriminalerzählungen

Ehrenworte

Band 18

Horst Eckert

Der geniale Zetteltrick

Kriminalerzählungen

Ehrenworte
Band 18

herausgegeben von
Michael Serrer

Horst Eckert

Der geniale Zetteltrick.

Kriminalerzählungen

Ehrenworte
Band 18

Im Auftrag des Literaturbüros NRW
herausgegeben von Michael Serrer

LITERATURBÜRO NRW

1. Auflage, Düsseldorf 2024

VERLAG

Edition Virgines e.K.
www.editionvirgines.de | editionvirgines@t-online.de

DRUCK UND BINDUNG

docupoint

ISBN

978-3-910246-29-4

INHALT

DER GENIALE ZETTELTRICK

Leo Kösters Hände zitterten, als er die Zigarette anzündete. Er zwinkerte seinem Sohn zu. „So sehen die Typen aus, die's nicht schaffen, bei der Polizei unterzukommen."

Der Wachmann schlenderte ihnen entgegen, ein junger Kerl mit aufmerksamem Blick – er erinnerte Leo an die Zeit, als er Uniformen und Waffen noch für Insignien der Würde gehalten hatte.

Dani fragte: „Passt der Mann auf, dass keiner die Euros klaut?"

Der Wachmann lächelte. Trotz der Hitze trug er seinen schwarzen Lederblouson, dazu das Holster an der Hüfte, ein Walkie in der Hand. „Nicht ich allein. Die Landeszentralbank hat den sichersten Tresor in ganz Europa." Er wandte sich an Leo. „Wie alt ist der Junge?"

Leo verbarg die Zigarette hinter dem Rücken – er zeigte Fremden seinen Tremor nicht gern. „Elf."

Sein Sohn zerrte ihn weiter, als ob es Dani nicht geheuer war, vor dem mit glänzendem Granit verkleideten Hochhauskomplex. Als sie um die Ecke bogen, erkannte Leo die Einfahrt. Ein zweiter Pistolenträger wippte vor dem Tor auf den Fußspitzen, er trug über dem Bierbauch nur das weiße Hemd mit der billigen grauen Krawatte. Im Pförtnerhäuschen saß ein weiterer Wachmann und telefonierte.

Dani quengelte: „Du hast versprochen, dass wir noch zu Unbehaun fahren." Es war Sonntag, Besuchstag – acht Stunden pro Woche durfte Leo seinen Sohn sehen. Das Eiscafé gehörte seit Monaten zum Programm. Doch Leo zögerte.

Der Transporter bog aus der Berliner Allee in die Marienstraße. Heftig stieß Leo den Rauch seiner Filterlosen aus. Auch Dani starrte jetzt auf den Panzerwagen – dreiachsig, grünweiß lackiert, gefolgt von zwei grünen Geländewagen der Marke Mercedes, die ebenfalls gepanzert waren und den Kollegen aus Berlin gehörten. Soviel Leo wusste, war das die letzte Fuhre mit den neuen Banknoten aus der Bundesdruckerei. Das Stahltor glitt auf, die schweren Flügel liefen in gut geschmierten Schienen und falteten sich links und rechts der Einfahrt zusammen. Der Dicke winkte den Transporter durch und überprüfte, ob sein Hemd richtig in die Hose gestopft war, als sei er dem neuen Geld eine bella figura schuldig.

Eine Milliarde, dachte Leo – je nach Stückelung konnte das die Summe sein, die gerade im Inneren der Düsseldorfer Landeszentralbank verschwand. Eintausend Millionen Euro in Scheinen, die noch kein Mensch berührt hatte. Das Einhundertsiebenundsechzigfache wartete republikweit auf den größten Geldumtausch der Geschichte.

Der Kurze griff nach Leos Linker. „Du hast es versprochen."

Leo schnippte die Kippe auf die Straße. „Nur noch ein paar Wochen, Dani. Dann machen sie Papa gesund und uns kann niemand mehr trennen."

Sie kletterten in den klapprigen Fiesta – die einzige Sorte Karre, die sich Leo seit der Scheidung von Brigitte noch leisten konnte.

Dani fragte: „Kann ich nicht schon heute Abend bei dir bleiben?"

Leo startete und kurbelte das Fenster nach unten. Auf halber Strecke klemmte die Scheibe. Im Radio lief Lady Marmalade, er schaltete es aus. „Großer Becher mit Schoko und Nuss?“, fragte er.

„Korrekt.“

Sie passierten ein letztes Mal den Bankenbau. Der Elfjährige winkte dem jungen Wachmann zu. Dann biss er sich auf die Lippe, als ginge ihm eine Frage durch den Kopf, die er besser nicht stellen sollte.

Auf dem Weg zur Eisdiele warf Leo immer wieder einen Blick in den Rückspiegel. Er beschloss, sein Vorhaben wegen des dunklen BMW hinter ihnen nicht zu ändern. Jetzt hat Brigitte mir also schon einen Detektiv auf den Hals gehetzt, dachte Leo. Als würde seine Ex etwas ahnen. Den Jungen machte er nicht auf den Verfolger aufmerksam – der Kurze war schon nervös genug.

Wachtendonk betrat das Büro und warf Papierkram in den Eingangskorb. „Urlaubssperre ab dem 17. Dezember“, stöhnte er, Zwiebelgeruch verbreitend. „Bis Ende Januar. Und ich wollte mit Mutti nach Fuerte. Die neue Währung ist 'ne einzige Katastrophe!“

Leo brummte zustimmend. Er wartete, bis der Kollege wieder draußen war, dann schnappte er sich den obersten Schnellhefter. Der Gedanke an Weihnachtsurlaub ließ ihn kalt. In dieser Behörde hatte er nur eine Vergangenheit und eine Gegenwart, deren Tage gezählt waren. Bis vor gut einem Jahr war Leo die Nummer eins des Spezialeinsatzkommandos gewesen – keiner der Büroheinis, mit denen er jetzt zu tun hatte, konnte sich einen Begriff davon machen, was das bedeutete: Vom Hubschrauber abseilen, Gebäude stürmen und Gewalttäter überwältigen, Geiseln befreien. Die Kastanien aus dem Feuer holen. Der Adrenalinkick, der sein Leben bestimmt hatte.

Als das Zittern begann, versetzten sie Leo zur Kriminalwache. Als es schlimmer wurde, steckten sie ihn in die Verwaltung zu Sesselfurzern wie Wachtendonk, der wahrscheinlich nicht einmal einen einzigen Klimmzug schaffte. Die Behörde bildete sich etwas darauf ein, ihren sechsunddreißigjährigen Parkinsonfall nicht in die Pension abzuschieben. Wie gnädig – von den Bezügen, die ihm zustünden, hätte Leo niemals leben können. Nicht bei dieser Krankheit. Nicht bei seiner gefräßigen Ex.

Seit einem halben Jahr saß Leo am Schreibtisch im dritten Stock der Festung, in einem Dienstzimmer mit Blick auf die Oberfinanzdirektion, das er mit Wachtendonk teilte. Leo passte sich nur scheinbar an. Er vertrieb sich die Tage damit, in Zeitschriften über Heilmethoden zu schmökern, die in Deutschland verboten waren, weil Stammzellen von Embryonen dafür nötig waren. Er knüpfte Kontakte und tüftelte Pläne aus, die er prüfte und wieder verwarf.

Was ihn am Leben hielt, war Danis Stolz auf seinen Vater. Für den Kurzen war Leo noch immer Elitepolizist.

Am letzten Freitag beauftragte ihn der Verwaltungschef, den Polizeischutz für die Geldtransporte der zweiten Phase zu organisieren. Das Frontloading: Täglich würden ab September sämtliche Panzerwagen der privaten Sicherheitsbranche durch Stadt und Umland rollen, um Scheine und Münzen aus dem Tresorbunker an der Berliner Allee auf Banken und Handelsunternehmen zu verteilen. Im Ministerium sprachen sie von der größten Gefahrenlage für die Sicherheit der Republik seit dem Ende des Zweiten Weltkriegs.

Die Münzen waren zu schwer und nicht wertvoll genug. Auch einen Überfall auf die Landeszentralbank schloss Leo aus. Er würde es allein durchziehen – ein Ding, für das du Partner brauchst, birgt zu viele Risiken. Leo bereitete alles vor. Die Klinik in Stockholm hielt ein Bett bereit. Gunnar Andersson, ein Kollege, mit dem er seit Jahren E-Mails schrieb, würde sich um Dani kümmern, solange Leo stationär behandelt wurde. Er hatte Ausweise für sich und den Kurzen besorgt, neue Identitäten. Das Einzige, was ihm fehlte, war eine Panzerfaust.

Leo schlug den Hefter auf. Als er begriff, was er da las, spürte er ein Kribbeln – Adrenalin. Der Polizeipräsident hatte eine Bewilligung unterschrieben, mit der niemand mehr gerechnet hatte: Für die Dauer der Frontloading-Phase hob die Behörde das Verbot für ihre Beamten auf, im Nebenjob bei privaten Wachschutzunternehmen anzuheuern.

Leo wählte, vertippte sich, dann hatte er Fichte Security dran und ließ sich mit dem Personalchef verbinden. Noch hörte man ihm seine Erkrankung nicht an.

„Köster, Polizeipräsidium. Sie suchen Mitarbeiter?"

„Polizist?"

„Ja."

„Heißt das, Ihr Behördenleiter gibt Sie frei?"

„Nach Feierabend und am Wochenende. Ich hab's schriftlich und faxe es Ihnen rüber."

„Und ich dachte schon, ich müsste mich tatsächlich ans Arbeitsamt wenden. Wann können Sie anfangen? Montag, sechzehn Uhr?"

„Ich dachte, erst ab September ..."

„Wenn wir das nicht vorziehen, wird das nichts bis Neujahr 2002", unterbrach ihn die Stimme im Hörer. „Ja oder nein?"

„Montag geht in Ordnung."

Leo legte auf und wühlte im Ablagekorb, bis er ein Schreiben von gestern entdeckte, in dem Fichte Security um Begleitung für vorgezogene Fahrten bat. Leo faltete den Wisch und ließ ihn in seiner Hemdtasche verschwinden. Die Anfrage war nicht eingetroffen. Kein Polizeibeamter würde den ersten Transport schützen.

Die Panzerfaust konnte Leo abhaken. Er würde im Wagen sitzen.

Er wählte eine Handynummer.

„Ja." Kasimirs Stimme, mürrisch wie immer. Diese jungen Gangster konnten nicht anders.

„Hier ist Leo. Wir treffen uns schon am Montag um achtzehn Uhr dreißig."

„Du sagtest doch, erst ab September ..."

„Ja oder nein?"

„Wieviel willst du tauschen?"

„Richte dich auf eine Million ein. Es bleibt beim Treffpunkt im Neusser Hafen."

Leo rechnete mit weit mehr als einer Million, wollte aber einen Teil der Beute in D-Mark waschen, um mit seinem Sohn auf der Flucht über die Runden zu kommen, bis im kommenden Jahr die neue Währung als Zahlungsmittel gelten würde. Dafür brauchte er den Kerl.

„Pro Euro gebe ich dir fünfzig Pfennig. Macht also fünfhundert Riesen in Mark“, sagte Kasimir.

„Nichts da. Eins zu eins, wie vereinbart, sonst schließ ich den Deal mit jemand anders ab. Es gibt genügend geldgierige Gauner, die scharf darauf wären.“ Dass Leo nur Kasimir kannte, brauchte der Kerl nicht zu wissen. Leo hatte keine andere Wahl, als sich auf den mehrfach wegen Körperverletzung vorbestraften Kokshändler einzulassen.

„Bleib cool, Mann“, erwiderte Kasimir.

„Und wer mich linkt, wird sein Leben lang nicht mehr froh.“

Kasimir ließ ein kurzes Lachen hören. „Klingt ganz nach ’nem abgehalfterten Rambo.“

Leo drückte den Hörer auf die Gabel. Immerhin war Kasimir kein Polizeispitzel. Das hatte er überprüft.

Die Einweisung war kurz und knapp. Sie würden zu zweit im Transporter sitzen. Der andere hieß Özdemir, ein kleiner, gedrungener Türke, der kaum redete und seit Ewigkeiten für Fichte fuhr. Die fehlende Begleitung durch die Schutzpolizei sorgte nur kurz für Unruhe, dann entschied einer der Chefs, dass das Risiko nur gering sei. Wer wusste schon von dem vorgezogenen Transport?

„Was ist in Tüte?“, fragte Özdemir, als sie in die Kabine kletterten.

Leo ließ sich auf dem Beifahrersitz nieder und angelte die Thermoskanne aus seinem Plastikbeutel. „Tee. Willst du 'n Schluck?"

„Lass mal."

Leo goss halbvoll, bemüht, nichts zu verschütten.

„Alki?", fragte Özdemir mit einem Blick auf Leos wackelnden Becher.

„Ist 'ne Art von Nervenkrankheit. Und ich mag's nicht, wenn einer Witze drüber macht."

Sie fuhren nicht allein. Ein zweiter Transporter folgte. Eine Komplikation, mit der Leo nicht gerechnet hatte.

Sie bogen in die Marienstraße. Der Uniformierte im Pförtnerhäuschen nickte, der Dicke im weißen Hemd winkte, das Stahltor glitt zur Seite. Dahinter ein Hof. Überwachungskameras an den Mauern, ein Kerl im Lederblouson trat ans Seitenfenster und ließ sich das Plastikkärtchen zeigen, das Leo als Mitarbeiter der Wachschutzfirma auswies. Leo sah den groben Stoff der billigen Krawatte und die Maschinenpistole, die der Kerl umhängen hatte.

Ein zweites Tor öffnete sich. Dahinter eine Halle.

Özdemir steuerte den Panzerwagen über eine Grube. Weitere MP-Träger überprüften das Fahrzeug von allen Seiten, auch von unten. Rund zwei Dutzend Metallkisten standen auf der Rampe. Helfer beluden den Transporter. Ein Banker übergab Özdemir den Plan mit der Route. Leo hörte, dass das Geld für Erkrath und Mettmann bestimmt war, und überlegte, wie er es anstellen sollte, dass sie erst nach dem anderen Transporter die Zentralbank verließen.

„Ich muss pinkeln", sagte er.

Özdemirs Blick zeigte ihm, dass dies eine Premiere war. Nach einigem Hin und Her begleiteten Leo drei Schwerbewaffnete zu einem Waschraum am Ende eines verwinkelten Flurs. Den Tresor bekam er nicht zu sehen.

Leo stützte sich auf das Waschbecken und studierte den Kerl im Spiegel: zu jung für diese Scheißkrankheit, zu stolz, um hinter einem Schreibtisch im Präsidium zu versauern, noch nicht genug am Boden, um klein beizugeben im Streit mit Brigitte.

Er drückte eine Klospülung. Wie lange würde es dauern, bis der zweite Panzerwagen gecheckt und beladen war? Leo musste ihm den Vortritt lassen und dann möglichst unbemerkt die Route ändern. Er sah auf die Uhr – wenn es klappte, würde er trotzdem keine Mühe haben, die Zeit einzuhalten, die er mit Kasimir vereinbart hatte. Danach mit Dani nach Frankfurt rasen und den letzten Flieger nach Stockholm nehmen. Als Menschen, nach denen niemand suchen würde – die Namen auf den Tickets stimmten mit denen auf den neuen Ausweisen überein.

Leo schluckte eine weiße Pille, die ihn wach halten würde. Die nächsten Stunden würden alles entscheiden.

Zurück zum Transporter. Der andere rollte bereits hinaus. Özdemir machte keine Bemerkung über kleine Blasen und kaputte Nerven. Es lief wie am Schnürchen.

Leo zeigte dem Dicken vor der Zufahrt den Daumen und griff in den Beutel, der nicht nur die Thermoskanne enthielt.

„Was soll das?", fragte Özdemir und meinte die Absperrung einer Baustelle, die sie in eine Seitenstraße zwang. Özdemir stieg auf die Bremse. Der Transporter vor ihnen stieß gerade zurück, als wolle er in einer Einfahrt wenden – vielleicht kam ein Fahrzeug entgegen, das zu breit war, um es zu passieren.

Dann sah Leo die Gruppe vermummter Männer.

Einer von ihnen fuchtelte mit einer Panzerfaust. An der nächsten Kreuzung stand ein dunkler BMW, der Leo bekannt vorkam, und riegelte die Seitenstraße ab.

„Zurück!", rief Leo seinem Partner zu.

Özdemir ließ die Gänge krachen. Kleine Schweißtropfen traten auf seine Stirn.

Der Kerl mit der Panzerfaust wurde auf sie aufmerksam. Ein dünner, großgewachsener Mann, der humpelte, als er sich schneller bewegte. Leo kannte diesen Gang: Kasimir – der Gauner hatte seinen Plan erraten und wollte sich nicht mit dem Gewinn aus dem Geldumtausch begnügen.

Özdemir ließ den Motor aufjaulen. Das Heck krachte gegen die rotweißen Absperrungsplanken. „Am besten wieder in Bank", keuchte der Türke.

Kasimir lief noch ein paar Schritte hinterher, dann sah er ein, dass er sich entscheiden musste, und wählte den Transporter, den er bereits in die Hofeinfahrt dirigiert hatte.

Leo zog seine P6 aus dem Beutel. Er richtete die Pistole auf Özdemir. „Nein. Nicht die Bank. Die Berliner Allee und hinunter Richtung Bilk."

Sein Fahrer gehorchte und bog in die sechsspurige Straße, die nach Süden führte.

„Was ist los mit euch?", krächzte eine Stimme aus dem Funkempfänger. „Wisst Ihr nicht, wo's nach Erkrath geht, oder habt ihr ein Problem?"

Leo erschrak. „Hören die mit?"

Der Türke schüttelte den Kopf.

„GPS-Tracking?"

Özdemir schwitzte und antwortete nicht. Also sendete der Transporter über einen Satelliten Signale, die der Fichte-Zentrale anzeigten, wo genau sie sich befanden. Leo stellte sich einen Monitor in der Leitstelle vor. Blinkende Pünktchen auf einem Stadtplan. Nichts konnte er weniger gebrauchen als das.

Sein Fahrer wischte sich über die Stirn und sagte: „Ich zeig dir, wie kaputt machen GPS, dafür krieg ich Anteil."

Der ungeteerte Weg hinter dem Baumarkt an der Aachener führte zu einer stillgelegten Baustelle. Hier hatte Leo seinen alten Fiesta geparkt. Er wies Özdemir an, den Transporter abzustellen und die Geldkisten aufzubrechen. Zugleich hörte er den Polizeifunk mit dem Handgerät ab, das er ebenfalls mitgebracht hatte.

Er rechnete mit „Ring 20", einem Fahndungsgürtel mit zwanzig Kilometern Radius um die Düsseldorfer Innenstadt. Kein Problem. Wenn die Kollegen jemanden schnappten, dann war es Kasimirs Bande. Bis sie wussten, wer den zweiten Panzerwagen entführt hatte und in welchem Wagen Leo floh, würde er längst über alle Berge sein.

Vierzehn Blechbehälter für ebenso viele Ziele, von Aldi in Erkrath bis zur Volksbank in Wülfrath. Leo rupfte die violetten Bündel aus den Kisten und stopfte sie in seinen Reisekoffer. Glatte, große Scheine, die nach Farbe rochen, nicht nach schmierigen Fingern.

Fünfhunderter – die größte Stückelung, die es von der neuen Währung gab.

Es war weit mehr, als er erhofft hatte, Leo schätzte den violetten Haufen auf runde zehn Millionen. Nur mit Mühe konnte er den abgeschabten Koffer verschließen, mit dem er in glücklicheren Jahren gemeinsam mit Brigitte durch die Welt gereist war.

Den Rest überließ er dem Türken. Unmengen von Hundertern, Fünfzigern und kleinen Scheinen – noch ein paar Millionen frischer Euros. Während Leo sich umzog, begann Özdemir, sich die Bündel unter das Hemd seiner Fichte-Uniform zu stopfen.

Zweimal musste Leo die Heckklappe seiner Schrottkarre zuknallen, bis sie hielt. Er legte das Funkgerät auf den Beifahrersitz und raste los. Dabei ärgerte er sich über Kasimir: Weil der Gangster geglaubt hatte, ihn überlisten zu können, musste Leo nun ohne nennenswerten Vorrat an D-Mark fliehen.

Im Äther herrschte Chaos. Auf dem Weg über die Südbrücke hörte Leo zu, wie die Kollegen den dunklen BMW über die A52 jagten – Kasimirs Bande versuchte es in Richtung Ruhrgebiet. Leo drückte den Kollegen die Daumen.

Als er sich Grevenbroich näherte, schnappte er zum ersten Mal seinen Namen auf, und staunte, wie schnell das gegangen war. Aber es war nichts zu befürchten. Er war bereits außerhalb des Zwanzig-Kilometer-Rings, und die Polizei hatte noch nicht ermittelt, welches Auto er fuhr.

Aus seiner Tüte fischte Leo sein Handy und wählte die Nummer des Gasthofs, in dem er Dani seit gestern

Nachmittag versteckt hielt. Die paar Mark, die Leo bei sich hatte, reichten für eine Tankfüllung, nicht für die Zimmerrechnung. Er musste improvisieren.

Der Kurze ging nach dem ersten Klingeln ran.

„Alles klar bei dir?", fragte Leo.

„Ja. Mach schnell. Mama kommt mich holen!"

„Die weiß doch gar nicht, wo ..."

„Ich hab sie angerufen, damit sie nicht vergisst, Momo zu füttern." Danis Frettchen – sein Ein und Alles, wenn ihn etwas bedrückte.

„Du hast ihr doch nicht verraten, wo du steckst?"

Schuldbewusstes Schweigen am anderen Ende, dann ein Hämmern gegen eine Tür und gedämpft, aber unverkennbar Brigittes Keifen.

Das Zimmer, das Leo für den Kurzen gemietet hatte, lag im zweiten Stock. Zu hoch für den Elfjährigen, um durch das Fenster abzuhauen.

„Hör zu, Dani. Tu so, als würdest du mit ihr gehen. Wenn ihr unten seid, musst du plötzlich aufs Klo. Aber du gehst den Gang weiter bis zum zweiten Ausgang, verstehst du? An den Toiletten vorbei zur Hintertür. Dann läufst du über den Hof. Am anderen Ende ist ein Tor. Das steht um diese Zeit offen. Dort warte ich auf dich. Verstanden?"

„Cool."

Bevor Leo noch etwas sagen konnte, war Brigitte im Zimmer und ihre Stimme in der Leitung. Deutlich, laut, sich fast überschlagend: „Leo, du Schwein! Ich sorg dafür, dass du in den Knast kommst! Diesmal werden deine Kollegen dich nicht mehr decken!"

Leo steckte das Handy weg. Seine Ex wusste nicht, wie recht sie hatte. Aber sie würden ihn nicht kriegen.

Er raste durch den Ort und suchte die Straße, die hinter dem Gasthof entlangführte.

Während Leo vor der Hofeinfahrt wartete, surfte er durch die Funkkanäle. Drei Verletzte bei einer Schießerei, vier Festnahmen beim Zugriff auf dem Kreuz Breitscheid im Norden Düsseldorfs. Kasimir hatte offenbar auf den Einsatz der Panzerfaust verzichtet, vielleicht war es auch nur eine Attrappe gewesen. Özdemir wurde nicht erwähnt. Die Suche konzentrierte sich jetzt auf Leo.

Sie würden sein Konterfei per Fax verbreiten und kopieren. Hunderte von Beamten würden nach ihm suchen – zunächst auf dem Düsseldorfer Flughafen, auf den Bahnhöfen der Landeshauptstadt, an Autobahnsperren, die aber längst hinter ihm lagen.

Man würde sein Gesicht in den Fernsehnachrichten zeigen, doch Leo setzte auf das Phlegma der Bürger – keiner sah genau hin, keiner wollte etwas mit der Polizei zu tun haben. Wenn morgen die Zeitungen sein Bild brachten, würden er und sein Sohn längst außer Landes sein. Schweden sei schön im Sommer, hieß es.

Leo starrte auf die schäbige Rückseite des Hotels. Die Hintertür. Sein Sohn ließ auf sich warten. In weniger als vier Stunden startete die Maschine nach Stockholm vom Frankfurter Rhein-Main-Flughafen. Es würde knapp werden, wenn sich Dani nicht sputete.

Der Lieferwagen eines Elektroinstallateurs verließ den Hof, ein Blaukittel schlenderte zum Tor, um es zu schließen. Bloß nicht! Leo sprang aus dem Auto und winkte mit seiner Pistole. Der Handwerker erstarrte und riss die Augen auf.

Plötzlich hörte Leo ein Trappeln von Turnschuhen auf dem Asphalt und Rufe, die ihm galten. Er fuhr herum und sah den Kurzen auf ihn zurennen, verfolgt von Brigitte und Andreas, ihrem derzeitigen Lover.

Leo rutschte ins Auto, versteckte die Waffe und hielt seinem Sohn die Tür auf. Er startete, bevor Dani sich richtig gesetzt hatte.

Brigitte und ihr Stecher bekamen Staub zu schlucken und wurden im Rückspiegel immer kleiner.

„Mann, war das knapp", japste der Kurze.

„Du hast deine Tasche zurückgelassen. Deine Sachen."

„Ich musste vorne rum. Die blöde Hintertür war abgeschlossen."

Der Kleinwagen raste über die A46. Am Kreuz Holz wechselte Leo auf die Strecke, die nach Süden führte. Wenn die Kiste hielt, würde er es mit einem Tankstopp in höchstens drei Stunden bis zum Frankfurter Flughafen schaffen. Wieder hörte er seinen Namen im Funk und drehte den Regler der Handpuste auf. Sie gaben die Beschreibung des Fiestas durch.

Ein neuer Fahndungsring. Kontrollposten an allen Straßen im Umkreis. Das hatte er seiner Ex zu verdanken.

Ausfahrt Otzenrath. Leo blieb keine andere Wahl. Auf Schleichwegen musste er den Braunkohletagebau umfahren, um in den Rücken der Straßensperren zu geraten. Erst kurz vor Köln konnte er sich wieder auf die Autobahn trauen.

Die Karre rumpelte auf löchrigem Asphalt zwischen Feldern voller Mais und Weizen hindurch. Leo stemmte sich gegen das Gaspedal und hatte keinen Blick für die Landschaft zur Rechten und die Ungetüme der Rheinbraun-Bagger zur Linken. Auf die Stoßdämpfer konnte er keine Rücksicht nehmen. Mit weißen Knöcheln umklammerte er den Lenker.

Leo verfluchte Brigitte und Kasimir. Er hatte nichts als einen zerknitterten Blauen im Portemonnaie. Gute, alte Clara Schumann. Die zehn Millionen Euros im Kofferraum würden für ihn erst im nächsten Jahr von Wert sein. Und die Zeit bis zum Abflug der gebuchten Maschine lief davon.

„Momo ist krank", sagte Dani und riss den Vater aus seinen Gedanken.

Leo verringerte das Tempo. Die Funksprüche waren abgerissen. Er wechselte den Kanal. Nichts. Offenbar waren die Kollegen auf die Idee gekommen, dass Leo mithörte. Doch ausschließlich über Handy konnten sie sich nicht verständigen – kaum ein Beamter verfügte darüber, kein Einsatz ließ sich damit steuern. Leo drückte fieberhaft die Tasten, die Antenne zitterte vor seinen Augen.

Endlich hörte er etwas. Streifenwagen der Kreispolizeibehörden von Neuss und Heinsberg. Leo verstand: Die Kreuzung, auf die er zuhielt, war gesperrt.

Er bremste und ließ den Fiesta nach rechts auf einen Feldweg schaukeln. In einer Senke bog er noch einmal ab und rollte hinein in das Meer aus Maisstauden. Er konnte nur hoffen, dass man das Auto von der Straße aus nicht bemerkte.

„Können wir Momo nicht mitnehmen?", fragte Dani.

Leo wusste, wie sehr Dani an dem Frettchen hing. Er hatte es dem Kurzen geschenkt. „Brigitte wird das Tier versorgen", antwortete er. „Hör zu. Du heißt ab jetzt Krüger, Tobias Krüger. Ich habe sehr viel Geld gestohlen. Wir fliegen nach Schweden, wo es Ärzte gibt, die etwas gefunden haben, das gegen meine Krankheit hilft. Erinnerst du dich an Gunnar Andersson, der dir zum Geburtstag die lustige Mail geschickt hat? Der wird sich um dich kümmern, so lange ich im Krankenhaus bin. Und danach fliegen wir, wohin du willst. Versprochen."

„Wie soll ich heißen?"

„Tobias Krüger. Merk dir das. Wir müssen uns für eine Weile verstecken, verstehst du?"

„Der Name gefällt mir nicht."

Die Kollegen kamen mit Musik. Aus Richtung Autobahn. Fünf oder sechs Fahrzeuge, schätzte Leo. Sie dröhnten am Maisfeld vorbei. Als der Martinshornlärm verebbte, erkannte Leo, dass sein Sohn Angst hatte.

„An den Namen wirst du dich gewöhnen."

„Wie lange müssen wir in Schweden bleiben?"

„Ein paar Wochen. Danach bestimmst du, wo's hingeht. Karibik, Südsee. Wir mieten uns ein Boot. Wir sind jetzt reich. Sehr reich."

„Ich muss zuvor nach Momo sehen. Sie hat seit gestern nichts gefressen. Vielleicht muss sie zum Tierarzt."

„Deine Mutter macht das schon. Du wolltest doch mitkommen?"

Der Kurze knetete den Stoff seines T-Shirts und schwieg. Die Sonne stand bereits so tief, dass die Stauden Schatten ins Auto warfen. Heute Nacht würde es kaum abkühlen, auf der Rückbank lag eine Decke – vielleicht sollten sie hier im Feld übernachten, morgen weiterfahren und das Ticket auf den nächsten Flug umbuchen. Mit dem Handy konnte er Gunnar und der Klinik Bescheid geben.

Verdammt, das Handy! Leo musste es abschalten, sonst konnte man es orten.

Als er es aus dem Beutel kramte, wackelte seine rechte Hand, als rühre er einen Teig.

Sein Sohn murmelte besorgt: „Du musst deine Tabletten nehmen, Papa."

„Bald ist es vorbei."

„Wie viel hast du geklaut?"

„Zehn Millionen Euro. In Mark wären das zwanzig Millionen."

„Krass", antwortete der Junge ohne rechte Begeisterung. Nach einer Weile ergänzte er: „Oma sagt, der Euro taugt nichts."

Im Äther war nur noch ein gleichmäßiges Rauschen. Ab und zu ein Knacken.

Leo entdeckte eine Träne, die über Danis Wange rollte. Er fuhr durch das verschwitzte Haar des Kurzen. Ein kleiner, verletzlicher Junge, kaum Fleisch auf den Rippen. „Willst du wirklich nach dem Frettchen sehen?"

Dani nickte.

„Und was ist mit der Südsee?"

„Sobald Momo gesund ist, komm ich nach."

Leo hob die Hand, und sie bekräftigten die Abmachung auf die Art, die Dani ihm beigebracht hatte. Klatschen, boxen, die Finger verhaken, dann die Daumen. Rappergruß, so nannte es der Kurze.

Leo rollte zurück auf die Straße. Der Junge schniefte und sah erleichtert aus. Er hatte recht – der Name Tobias passte nicht zu ihm.

Die Nadel der Tankanzeige senkte sich in den roten Bereich. Bis Düsseldorf würden sie es schaffen. Leo beschloss, seinen Plan zu ändern. Er hatte Freunde, die ihn für eine Nacht verstecken würden und ihm ein paar Hundert Mark pumpen konnten. Notfalls würde er sich die Freundschaft mit druckfrischen Euros erkaufen.

Der Kurze taute auf. Er erzählte von einem Buch über Schatzsucher, das er gerade las. Dass er die Karibik besser fände als die Südsee.

Leo hörte nur mit halbem Ohr zu. Ein Brummen irritierte ihn. Zuerst dachte er, es käme aus dem Funkgerät, und spielte mit den Frequenztasten. Dann wurde das Geräusch stärker und wandelte sich zum typischen Knattern der Rotorblätter eines Hubschraubers. Leo spähte nicht nach oben. Er wollte Dani nicht beunruhigen.

Bei Dormagen steuerte Leo auf die A57 Richtung Krefeld. Viele Autos waren silbergrau – der Heli würde den Fiesta aus den Augen verlieren. Kein Mensch konnte wissen, dass Leo ausgerechnet zurück nach Düsseldorf fuhr. Ohne zu tanken passierte er eine Raststätte. Er wollte rasch in der Stadt untertauchen.

Am Kreuz Neuss-Süd wechselte Leo auf die A 46 und hielt auf die Fleher Brücke zu. Als er die langgezogene Kurve vor dem Rheinufer erreichte, wurde das Knattern lauter.

Auf der anderen Seite des Flusses flackerten Dutzende von Blaulichtern.

Leo erkannte, dass die Autobahn leer war. Beide Fahrbahnen abgeriegelt, vor und hinter ihm. Nur er und die Kollegen – und Dani, der ihn mit großen Augen ansah.

Leo stoppte. Er sah sich um.

Keine Verfolger – offenbar warteten die Beamten auf das Spezialeinsatzkommando. Die Einheit, die er einst angeführt hatte.

„Du steigst jetzt besser aus, Dani."

„Und du?"

„Mach dir keine Sorgen. Hab ich dir erzählt, dass ich eine Ausbildung als Kampfschwimmer habe?" Dani schüttelte den Kopf, aber er schien ihm die Schwindelei abzukaufen. „Sie werden denken, dass ich ertrinke, dabei tauche ich ihnen davon. Die Kunst besteht darin, lange genug unter Wasser zu bleiben."

„Du willst in den Fluss springen?"

„Schau nicht hin. Versprichst du mir das?"

Dani nickte stumm.

„Und vergiss nie, dass dein Papa dich lieb hat", sagte Leo.

Ein Abschiedskuss auf die heiße Wange des Kurzen.

Ein letzter Rappergruß.

Leo Köster wusste, dass sein Sohn ihm noch nachwinkte, aber er sah nicht in den Spiegel, als er der Straßensperre entgegen raste.

Der Junge sagte sich, dass er den stärksten und schlauesten Vater der Welt hatte, wenn man mal von seinem Zittern absah. Die Brüstung der Brücke reichte Dani bis zum Kinn, aber er wusste, dass sein Papa es schaffen würde, darüber hinwegzufliegen. Tatsächlich brach der Fiesta auf der Brückenmitte aus seiner Fahrspur, krachte über Bordstein und Leitplanke, hob mit zwei Rädern vom Boden ab und durchbrach die Brüstung. Funken sprühten, die silberne Kiste drehte sich in der Luft.

Dani hielt den Atem an. Die Heckklappe war aufgesprungen. Eine Wolke aus Geldscheinen wirbelte hervor und dehnte sich aus.

Der Junge begann zu rennen.

Das Auto schlug auf das Wasser und ging sofort unter. Papa war nicht zu sehen. Dani lief weiter, bis zu der Stelle, an der die Brüstung geborsten war.

Zehntausende von violetten Papierschnipseln leuchteten im Licht der untergehenden Sonne. Sie waren groß und flatterten und ließen sich Zeit auf ihrem Weg nach unten.

Dani rang nach Luft.

Es gibt gar keine lila Geldscheine, fiel ihm ein. Geld ist grau und blau, vielleicht grünlich.

Es war ein Trick, eine geniale List seines Vaters. All die bunten Zettel dienten nur dazu, den anderen Polizisten die Sicht zu versperren. Kein Mensch würde sehen, wie Papa auftauchte und Atem holte auf seiner Flucht durch das Wasser. Das echte Geld hatte er natürlich bei sich. Er war Kampfschwimmer. Er war der Beste.

Dani starrte auf die lila Wolke, die tief unter ihm den reißenden Strom erreichte. Er lief über die Autobahn und schaute den Zetteln hinterher. Keiner außer ihm ahnte, dass sein Vater zwischen ihnen schwamm und nicht im Auto festsaß, nicht ertrank, unten auf dem Grund des Rheins.

Ein Streifenwagen hielt neben ihm. Die Männer drängten den Jungen nicht. Dani schniefte. Wenn Papa es schaffte, würde alles wieder werden wie früher. Nichts würde sie mehr trennen.

Der Junge blickte dem Teppich nasser, violetter Scheine hinterher, die flussabwärts trieben, bis er sie in der Biegung hinter dem Klärwerk aus den Augen verlor.

EX UND HOPP

Susanne Berg wusste nicht recht, was ihr an der Leiche nicht gefiel, die auf der gepflasterten Zufahrt lag. Zu wenig Blut, die Augen geschlossen – vielleicht war es das.

Es war ungemütlich kalt in der Südstadt, um das Hochhaus fegte der Wind. Die Nachrichten hatten vor einem Schneesturm gewarnt, der im Lauf der Nacht auch Ostwestfalen erreichen würde. Susannes Hals kratzte.

Kollege Kranewitter hob die Videokamera, um den Fundort zu dokumentieren. Susanne ging der gestrige Abend durch den Kopf. Bei der Weihnachtsfeier der Kreispolizeibehörde war es hoch hergegangen. Dunkel erinnerte sie sich, dass sie mit dem Blondschopf geknutscht hatte. Die Chefin des KK11 und ihr Mitarbeiter – Susanne konnte nur hoffen, dass Kranewitter sich nicht etwas einbildete. Sie musste niesen und stopfte sich die Enden des Wollschals fester in den Kragen ihrer Regenjacke.

Der Rechtsmediziner ächzte, als er sich neben dem Toten niederkniete, der sieben Stockwerke unterhalb eines geöffneten Fensters im Licht der Scheinwerfer lag. Erste Schneeflocken taumelten aus dem abendlichen Himmel und schmolzen bei der Berührung mit dem Toten, der nichts als einen Bademantel aus dünner, schwarzer Seide trug und noch warm war.

Fast als hätte man ihn so hindrapiert, dachte Susanne. Eine seltsam gekrümmte Haltung für einen, der unbeobachtet in den Tod gesprungen war: die Knie leicht angezogen, die Arme parallel zum Körper, der Kopf mit den grauen Stoppelhaaren in den Nacken gebeugt.

Der Rechtsmediziner nickte den Bestattern zu und streifte die Latexhandschuhe ab. Zu Susanne sagte er: „Keine Anzeichen von Fremdeinwirkung."

Missmutig schleuderte der Weißkittel die Handschuhe in seinen Koffer. Die Jelinek-Premiere in den Westfälischen Kammerspielen drohte, ohne ihn zu beginnen – oder was auch immer der Arzt an diesem Abend noch vorhatte.

Die Bestatter legten die Bahre neben dem Toten ab und öffneten den Reißverschluss des Leichensacks. Das Geräusch erinnerte Susanne an die Campingurlaube ihrer Jugendzeit.

„Wann ist es Ihrer Meinung nach passiert?", fragte sie.

„Vor zwei Stunden, plus minus fünfzehn Minuten."

„Sicher?"

„Wir haben die Temperaturwerte des Körpers und seiner Umgebung und können das ziemlich genau berechnen. Müssten Sie bei der Kripo doch auch gelernt haben."

Arroganter Arsch, dachte Susanne. Sie deutete in Richtung Leiche – die Bestatter mussten die Beine gerade drücken, um sie in den Sack zu bekommen.

„Aber nach zwei Stunden beginnt erst die Leichenstarre, und zwar ganz allmählich. Hier ist sie schon ausgeprägt."

„Ein Fall von kataleptischer Erstarrung." Der Arzt knüllte seinen Overall zusammen und stopfte ihn in den Koffer. „Kommt vor“, brummte er und eilte zu seinem Porsche, den er halb auf dem Gehsteig vor dem Hauseingang abgestellt hatte.

Thorsten Kranewitter trat neben Susanne. Er riecht anders als gestern, dachte sie. Rasierwasser, nicht Glühwein.

„Die Spurensicherung ist fertig mit der Wohnung“, sagte er, den Blick auf den Toten gerichtet. „Keine Fingerabdrücke. Nicht am Griff, nicht am Fensterbrett und auch nicht am Rahmen.“

„Keine Verwertbaren?“

„Nein, gar keine. Alles offenbar sauber abgewischt.“

Susanne wandte sich um. Der Rechtsmediziner ließ gerade den Kofferraumdeckel zuknallen.

„Doktor ...!“, rief sie ihm zu. Sie hatte den Namen vergessen.

„Is’ was?“

„Sieht aus, als bräuchten wir doch ‘ne Obduktion.“

Der Arzt musterte sie missmutig. „Morgen früh geht es nicht.“

Sie antwortete: „Dann jetzt gleich.“

Die Bullen waren höflich zu ihr, fand Claudia Lerch. Die Ermittlungen leitete eine Frau um die vierzig, die ihre Figur unter einem rustikalen Wollpulli verbarg. Die Chefin der Mordkommission war bereits die Zweite, die Claudia in einem schäbig möblierten und schlecht geheizten Dienstzimmer an der Riemekestraße vernahm. Windböen ließen die Rollos vor den Fenstern klappern, Claudia bemerkte ihr Spiegelbild in der Scheibe und verschränkte die Arme.

„Soso, das Balthasar“, sagte die Kommissarin, die sich

als Susanne Berg vorgestellt hatte. „Was gab's denn Gutes zu essen, Frau Lerch?"

Die Spulen des kleinen Aufnahmegeräts drehten sich mit leisem Knirschen.

„Fünf Gänge. Soll ich sie alle aufzählen?", fragte Claudia zurück.

Kopfschmerzen quälten sie. Ihre Migräne, die sie im Winter öfters plagte als sonst. Ohne auf die Uhr zu sehen, schätzte Claudia, dass Mitternacht schon vorüber war. Sie sehnte sich nach ihren Tabletten, die in ihrem Büro lagen. Excedrin, das einzige Mittel, das zuverlässig gegen ihre Anfälle half.

„Hab ich außerdem schon alles bereits Ihren Kollegen erzählt."

„Und wer saß mit Ihnen am Tisch?"

Die Bullen nervten. Sie lassen mich schmoren, dachte Claudia. Spekulieren darauf, dass ich mich in Widersprüche verwickle. Claudia kannte diese Spielchen aus zahllosen Fernsehkrimis und sie wunderte sich nicht – wer sonst hatte ein solches Mordmotiv?

Sie schilderte der Ermittlerin die letzten Stunden in allen Details. Conradi hatte zum fünfzigjährigen Jubiläum von Paderbräu einen exklusiven Kreis wichtiger Geschäftspartner eingeladen. Als Grafikerin, die nicht nur sämtliche Etiketten gestaltete, sondern auch den Werbeauftritt der neuen Craft-Linie, hatte Claudia neben Conradi gesessen, der sie unverhohlen umwarb, seit sie sich von Markus getrennt hatte. Abgesehen von Conradi war es nett gewesen.

Die Tafel im feinen Restaurant war prominent besetzt gewesen. Zwei Dutzend erstklassiger Zeugen würden bestätigen, dass Claudia zur fraglichen Zeit für keinen Moment den Tisch verlassen hatte. Vor allem der Geschäftsführer der Wirtschaftsförderung auf der anderen Seite der Tafel würde sich an sie erinnern – ihr Dekolleté war der Hingucker des Abends gewesen.

„Danach bin ich zu meinem Ex gefahren und habe entdeckt, dass er aus dem Fenster gesprungen ist."

Die Polizistin nieste in ihr Taschentuch, dann fragte sie: „Was wollten Sie bei ihm?"

„Ich habe noch ein paar Sachen dort", erklärte Claudia – immerhin war es bis vor sechs Wochen auch ihre Wohnung gewesen.

„Stimmt es, dass Sie auch am Nachmittag bei Ihrem Mann waren?" Der lauernde Blick der Kommissarin erinnerte Claudia an die Leiterin ihrer Schule, die früher jedes Mal so geguckt hatte, wenn Claudia etwas ausgefressen hatte.

„Wir hatten wegen der Scheidung etwas zu besprechen. Aber auch das habe ich Ihren Kollegen schon gesagt."

Die Schnüffler hatten die Nachbarn im Haus befragt und waren auf die alte Schmidt gestoßen, die in der Wohnung gegenüber bei jedem Geräusch am Spion lauerte.

„Und dabei hat es Streit gegeben."

Diese Schmidt sollte man auch aus dem Fenster stoßen, dachte Claudia. Eines Tages würde das Ohr der greisen Hexe noch an der Wand festwachsen.

„Glauben sie nicht alles, was Frau Schmidt behauptet. Die Dame übertreibt."

„Sie behauptet, sie hätten schon öfters gedroht, ihn umzubringen."

„Er hat mir gedroht. Und wenn er mal nicht davon sprach, mich umzubringen, dann faselte er etwas von Suizid. Zuletzt waren das seine Lieblingsthemen gewesen. Markus war krank und unberechenbar. Erwarten Sie bitte nicht, Frau Berg, dass ich die trauernde Hinterbliebene spiele. Ehrlich gesagt, ich bin froh, dass er gesprungen ist. Auch wenn ich nicht vermutet hätte, dass er etwas von dem Unsinn wahrmachen würde, den er so gern von sich gab."

„Es gibt Zweifel daran, dass Ihr Mann sich selbst getötet hat."

„Markus hat mir damit gedroht, dass er es wie Mord aussehen lassen wollte."

Es klopfte an der Bürotür. Ein jüngerer Beamter steckte seinen blonden Schopf ins Zimmer und winkte. Die Mordermittlerin reagierte nicht weiter.

Claudia sagte: „Markus hat die Fingerabdrücke abgewischt, bevor er sprang, stimmt's? Sie wären nicht die erste, die auf ihn reinfallen würde. Er machte nichts ohne Berechnung. Markus war schlau und bösartig bis in seinen Tod. Zum Glück saß ich im Balthasar, als er es tat."

Die Kommissarin nickte, dann erhob sie sich und folgte dem blonden Polizisten nach draußen.

Susanne schnäuzte sich in ihr Tempo, dann fuhr sie Thorsten Kranewitter an: „Können die von der Haustechnik das Gebäude nicht anständig heizen?"

Der junge Kollege war nicht allein. Am Ende des Gangs traktierte Schranz den Kaffeeautomaten mit Boxhieben. Schranz war gut darin. Er war Stammgast in einer Muckibude.

Thorsten erwiderte: „Du hättest erst mal die Obduktionshalle erleben sollen.“

„Dort muss es kühl sein. Hier nicht. Was gibt’s Neues?“

Der Blondschopf machte zum Glück nicht den Eindruck, als leite er aus dem Gefummel auf der gestrigen Büroparty eine Sonderstellung ab. Susanne war zu betrunken gewesen, um noch zu wissen, wie weit sie gegangen war, als sie den Aufzug angehalten hatte. Hoffentlich hatte es auch Thorsten vergessen.

„Nichts“, antwortete er. „Der Doc bleibt dabei: Todeszeitpunkt etwa zwanzig Uhr.“

Schranz stieß einen Schrei aus und trat gegen den Automaten. Das Scheppern des Blechs hallte im Flur nach, dann floss tatsächlich Kaffee in den Becher. Schranz reckte die Faust, sein Siegerblick suchte nach Zuschauern.

Susanne gesellte sich zu ihm. „Und was sagt die Spurensicherung?“

Schranz rührte mit einem Plastikstäbchen, obwohl er weder Milch noch Zucker in den Becher gegeben hatte. „Die Kriminaltechnik hat Spuren von Kaliumzyanid in der Wohnung des Opfers gefunden. In der Küche, um genauer zu sein. In einem Mörser aus grünem Marmor. Du weißt schon. So ein Ding, das man Leuten, die schon alles haben, zu Weihnachten schenkt.“

„Nach Bittermandel hat der Tote aber nicht gerochen“, antwortete Susanne.

„Auch nicht bei der Leichenöffnung“, pflichtete Kranewitter ihr bei.

„Man riecht es nicht immer, behaupten die Leute vom Labor.“

„Heißt das, seine Frau hat ihn vergiftet und aus dem Fenster gestoßen?“

„Vielleicht wollte sie auf Nummer sicher gehen.“

„Der Typ muss ein Kotzbrocken gewesen sein.“ Susanne nahm dem Kollegen den Becher aus der Hand. Die Brühe war dünn, aber sie wärmte.

„Hey, gib her!“

Susanne wich Schranz aus. „Habt Ihr sein Aquarium gesehen?“

„Das ist mein Kaffee!“

Sie nahm einen weiteren Schluck. Dann sagte sie: „Ich frag mich, wer sich jetzt um all die Fische kümmert.“

Kranewitter antwortete: „Automatenfütterung. Alles vom Feinsten.“

„Fest steht, dass wir der Frau nichts beweisen können. Danke, mein Lieber.“ Susanne gab Schranz den halbleeren Becher zurück und ging zu ihrem Büro.

Kranewitter fragte: „Du wirst sie doch nicht laufen lassen?“

Paderborn lag still und starr, der Sturm hatte sich gelegt, eine geschlossene Schneedecke ließ die Straßen leuchten. Vielleicht würde schon morgen die Pracht zu grauem Matsch zusammenschmelzen, dachte Claudia, als sie das Stadtzentrum hinter sich ließ. Wie die Liebe, die von gleicher Vergänglichkeit war. Sogar seinen blöden Buntbarschen war Markus mit mehr Aufmerksamkeit begegnet als ihr.

Vielleicht lag es am Schnee, dass Claudia plötzlich an ihre Kindheit denken musste. An ihre Mutter, die sie allein großgezogen und ihr alles beigebracht hatte, was im Leben wichtig war. Schon damals hatte sich Claudia vorgenommen, sich niemals von einem Mann wehtun zu lassen.

Und doch hatte Markus es geschafft. Das Schwein hatte sich nicht einmal Mühe gegeben, die Briefe seiner Tussi zu verstecken. Zart grünes Papier mit aufgedruckten Röschen. Eine Schnörkelschrift wie die eines Schulmädchens. Doch der Inhalt war frei von jeder Unschuld.

Als Markus beteuerte, dass die Affäre mit dieser aufgetakelten Tante aus der Boutique am Rathausplatz längst beendet sei, war für Claudia das Fass übergelaufen. Das war es, was sie an ihrem Mann am meisten gehasst hatte: Einfalt gepaart mit Arroganz.

Claudia erreichte das Gewerbegebiet Dören und parkte auf ihrem Stellplatz, den ein Schild mit dem Namen ihrer Firma reserviert hielt. Sie kramte den Schlüssel aus der Handtasche und freute sich auf ihr ganz privates Fest. Die Bullen hatten sie auf freien Fuß gesetzt. Damit hatte sie gewonnen – der Champagner stand kalt, kein Pils von Paderbräu.

Ihr Lerchs Designschmiede, ihm die große Südstadt-Wohnung, so hatte sie sich mit Markus zunächst verständigt. Doch in den letzten Tagen hatte der Kerl draufgesattelt. Ihre Firma habe während der Ehe eine beträchtliche Wertsteigerung erfahren.

Als hätte Markus dazu beigetragen.

Raffgier gepaart mit Kaltschnäuzigkeit: Wenn sie nicht flüssig sei, solle sie die Klitsche eben verkaufen. Der Nichtsnutz hatte tatsächlich Klitsche gesagt.

Der Bewegungsmelder klickte, die Beleuchtung im Treppenhaus sprang an. Claudia tippte den Nummerncode in das Kästchen neben dem Eingang im ersten

Stock. Mit dem Summton drückte sie die Glastür auf. Sie hatte bereits überlegt, die Ziffernkombination zu ändern, um wenigstens hier ihre Ruhe vor Markus zu haben.

Das war jetzt nicht mehr nötig.

Den blinkenden Anrufbeantworter ignorierte Claudia. Sie erkannte, dass ihr Terminplaner aufgeschlagen war. Eine Schublade war nicht ganz geschlossen.

Markus war hier gewesen. Wahrscheinlich als sie am Vormittag mit Conradi die Gestaltung des Messestandes besprochen hatte.

Du Schwein hast hier zum letzten Mal geschnüffelt, dachte Claudia.

In der Schublade fand sie die Kapseln gegen ihre Kopfschmerzen. Jemanden zu ermorden war einfacher, als diese Migräne abzustellen. Und sie hatte es perfekt angestellt. Wie alles, was sie anpackte.

Darauf wollte sie anstoßen.

Auf dem Busdorfwall war ein Taxi in einen Kleinwagen geschlittert – keine gute Art, den dritten Advent zu beginnen. Susanne fiel ein, dass heute Abend bereits die nächste Weihnachtsfeier bevorstand. Mit ihrer Handballgruppe wollte sie nach dem Spiel zum Griechen gehen. Ausschließlich Mädels – Ausrutscher wie mit Blondschopf Kranewitter waren ausgeschlossen.

Um zwanzig nach zwei war Susanne endlich zu Hause. In ihren Gliedern spürte sie ein fiebriges Kribbeln. Noch bevor sie Regenjacke und Pullover auszog, drehte Susanne den Heißwasserhahn der Badewanne auf. In der Küche gabelte sie ein paar Gnocchi aus der Tomatensauce, die erkaltet auf dem Herd stand – ihr

Abendessen, zu dem sie wegen des toten Markus Lerch nicht gekommen war.

Die Witwe ging ihr nicht aus dem Sinn.

Susanne zog sich rasch aus und stieg in die dampfende Wanne.

Kataleptische Erstarrung – die Diagnose des Rechtsmediziners hielt Susanne für Unsinn. Noch nie hatte sie einen taufrischen Toten gesehen, der so steif war, als hätte er schon vor sechs Stunden den Löffel abgegeben. Und sie hatte Hunderte von Leichen gesehen. Garantiert mehr als dieser Porschefahrer.

Das Telefon schrillte. Susanne wartete darauf, dass sich der Anrufbeantworter einschaltete, dann wurde ihr klar, dass sie das Gerät nicht aktiviert hatte. Sie sprang aus der Wanne und hinterließ eine nasse Spur bis in den Flur. Bevor sie den Hörer packen konnte, brach das Klingeln ab. Zitternd beeilte sich Susanne, ins Wasser zurückzukehren.

Jetzt begann ihr Handy zu dudeln. Sie beugte sich über den Wannenrand und wühlte im Klamottenhaufen, der auf dem Hocker lag. Diesmal schaffte sie es.

Kranewitter war dran.

„Was gibt's?" fragte Susanne und dachte, dass sie vielleicht eine Spur zu ruppig klang.

„Das Zyankali hat mir keine Ruhe gelassen, Chefin."

„Du sollst nicht Chefin zu mir sagen."

„Ich hab noch mal mit dem Labor telefoniert und gedacht, es würde dich interessieren. Liegst du in der Wanne?"

„Wie kommst du darauf?"

„Ich hör's plätschern. Außerdem hast du mir auf der Weihnachtsfeier gebeichtet, dass du nach jedem Leichenfund das Bedürfnis nach einem heißen Bad hast. Erinnerst du dich nicht?"

„Ich will keine Grippe kriegen, das ist alles. Schieß los, was sagen die Laborratten?"

„Dass das Cyanid von einem Algenvernichtungsmittel stammt. Ein Pulver, das Lerch für sein Aquarium benutzt hat. Und dass die Leiche frei von Spuren war. Gift hat seine Frau also nicht verwendet. Falls sie es war."

Susanne bedankte sich und warf das Handy zurück auf die Wäsche. Wieder eine Spur, die in einer Sackgasse endete.

Sie ließ heißes Wasser nachlaufen und rutschte nach vorn, um mit den Schultern einzutauchen. Nun ragten ihre Knie aus den wärmenden Wellen – es war nicht so einfach, eine komplette Person in die Wanne zu packen.

Plötzlich erkannte Susanne, dass sie die gleiche Haltung eingenommen hatte, in der Markus Lerch auf die Erde geknallt war. Diese Stellung hatte sie von Beginn an irritiert.

Susanne rekapitulierte, was sie in diversen Lehrgängen über die wichtigsten Kriterien zur Todeszeitbestimmung gelernt hatte: Abkühlung und Rigor mortis.

Sie stieg aus dem Wasser, rubbelte sich trocken und wusste, wie sie die losen Enden verknüpfen konnte.

Kataleptische Erstarrung – von wegen!

Claudia öffnete den Bürokühlschrank. Der Schampus war jetzt genau das Richtige, um ihre Excedrin-Kapseln hinunterzuspülen. Die Migräne würde ihr nicht die Freude an ihrem Triumph nehmen.

Ihre Firma würde ihr erhalten bleiben. Markus würde nie wieder in die Geschäfte pfuschen. Und die Wohnung mit dem Wahnsinns-Blick über die Stadt gehörte ihr obendrein.

Claudia ließ das Sprudelgetränk ins Glas schäumen. Sie trat ans Fenster und prostete ihrem Spiegelbild zu.

Nicht zum ersten Mal empfand sie die Einfalt der anderen als einen Grund zu triumphieren. Die Bullen ahnten, dass sie es getan hatte, aber sie kamen nicht auf das Wie. Dabei war es nur eine Frage der Körperpflege gewesen, um zu verhindern, dass Markus in der Wanne eine Waschhaut bekam, während sie an der Feier im Balthasar teilnahm und Conradis Flirtversuche über sich ergehen ließ.

Sie nahm zur Sicherheit gleich drei Kapseln und trank einen kräftigen Schluck hinterher. Auf das neue Leben!

In diesem Moment schellte es an der Haustür.

Claudia ignorierte die Klingel. Sie griff nach ihrem Ideengeber und prostete ihm zu, einem rechtsmedizinischen Lehrbuch – das Wissen über die Bestimmung von Todeszeiten konnte man in jedem Buchladen kaufen.

Halt den Mistkerl warm und sie glauben, er sei hops gegangen, während du vor Zeugen halbrohes Kalbsfleisch gegessen hast.

Das Klingeln hörte nicht auf.

Claudia wurde flau in der Magengegend. Sie sagte sich, dass es keinen Grund gab, nervös zu werden, und lief zur Gegensprechanlage.

„Wer ist da?“

Zuerst lärmte nur ein vorbeifahrendes Auto aus dem kleinen Lautsprecher, vielleicht ein Streufahrzeug. Dann tönte eine Frauenstimme, die ihr bekannt vorkam: „Ich hab Licht gesehen und dachte, wir könnten uns noch mal unterhalten."

Hauptkommissarin Berg. Die Polizistin in dem ausgeleierten Pullover.

Claudia leerte ihr Glas, stützte sich an der Wand ab und neigte sich dicht an das Kästchen. „So ganz zufällig spazieren Sie hier um diese Uhrzeit vorbei?"

„Richtig, Frau Lerch. Mir schwirrt etwas durch den Kopf, das mich nicht schlafen lässt. Und Sie finden sicher auch keine Ruhe, stimmt's?"

Claudia versuchte, das Rumoren in ihrem Magen zu ignorieren. Selbst wenn die Ermittlerin auf die Idee mit der Wanne gekommen war, hatte sie keine Beweise.

„Und ich dachte, Beamte hielten sich an ihre Bürozeiten."

„Wir können das natürlich auch morgen im Präsidium besprechen."

„Wenn Sie schon mal hier sind ..." Claudia betätigte den Türöffner. „Erster Stock."

Sie würde der Polizistin Champagner anbieten. Neugier trieb sie an und eine Art sportlicher Herausforderung.

Claudia war sich sicher, keinen Fehler begangen zu haben. Sie hatte Markus mit der flachen Seite einer Bratpfanne erschlagen – die Verletzung sah aus wie eine Aufprallwunde. Sie hatte das Bad gründlich geputzt und sogar daran gedacht, Wanne und Leiche trockenzureiben. Die alte Schmidt hatte nicht bemerkt, wann Claudia zurückgekehrt war, denn zu dieser

Stunde glotzte sie die Casting-Show auf RTL in einer Lautstärke, die durch alle Wände drang.

Schritte näherten sich im Treppenhaus. Claudia hielt sich den Magen. Das Schoko-Dessert, vermutete sie. Warum hatte sie sich von Conradi so viel davon aufdrängen lassen?

Claudia erschrak, als ihr Blick auf das medizinische Lehrbuch fiel. Keine Zeit, es durch den Aktenvernichter zu jagen. Sie stellte es in den Kühlschrank.

Ein Pochen an der Glastür, die unverschlossen war. Claudia nahm ein zweites Glas aus dem Regal. Sie zitterte, als sie eingoss. Ihr war, als bekäme sie zu wenig Luft.

Die Kommissarin betrat den Raum. Claudia zwang sich zu lächeln. Es gab keinen Grund, warum sie das Duell nicht bestehen sollte. Sie würde es meistern wie alles andere.

Mit dem Sektglas deutete Claudia eine einladende Geste an. Es entglitt ihr und klirrte zu Boden. Mist, dachte Claudia.

Susanne registrierte, wie das Lächeln der Witwe einem Ausdruck von Panik wich. Die Frau machte einen Ausfallschritt, als stemmte sie sich gegen einen schwankenden Schiffsboden. Der Alkohol, dachte Susanne zuerst.

Claudia Lerch stieß gegen den Schreibtisch und suchte Halt. Ihre unkontrollierte Bewegung fegte einen Arzneikarton vom Schreibtisch. Kapseln kullerten über das Parkett.

Die Zeugin brach zusammen, dann herrschte Stille im Büro.

Susanne kniete sich hin und tastete nach der Halsschlagader.

Kein Puls zu spüren.

Der Mund war halb geöffnet. Susanne nahm einen leichten Geruch wahr. Als habe die Frau Amaretto getrunken und nicht Sekt.

Bittermandel.

Susanne kramte ihr Handy hervor und alarmierte den Notarzt. Dann studierte sie die Medikamentenschachtel.

Excedrin, ein Schmerzmittel. Die meisten Kapseln lagen über den Fußboden verteilt, ein Teil davon war beim Aufprall geplatzt und hatte helles Pulver verstreut.

Susanne fiel der marmorne Mörser mit den Cyanidspuren in der Wohnung von Markus Lerch ein. Das Algenvernichtungsmittel – offenbar hatte nicht nur der Hass der beiden Eheleute auf Gegenseitigkeit beruht, sondern auch ihr krimineller Einfallsreichtum.

Sie stellte sich Markus Lerch vor, wie er sich Zutritt in die Räume seiner Frau verschaffte und das Medikament präparierte. Wie er eine Kapsel nach der anderen aufschnitt, den Inhalt austauschte und mit Fingern, die vor Aufregung zitterten, die jeweiligen Hälften wieder zusammensteckte. Eine langwierige Fummelei, schätzte Susanne und wählte die Nummer der Spurensicherung.

Der Notarzt traf als erster ein. Er stellte den Tod der Frau fest, schnupperte und sagte: „Vergiftet?"

Susanne nickte. Was hatten die Weißkittel vom Labor behauptet? Man rieche Zyankali nicht immer? Ein

Märchen wie das des Rechtsmediziners von der kataleptischen Erstarrung.

WEGE ZUM RUHM

Bis jetzt war alles nach Plan verlaufen. Die neue Rolle gefiel ihm: Rechtsanwalt Moritz Wagner, Bote des Oberbürgermeisters und Überbringer einer Kündigung, von der bald die ganze Landeshauptstadt sprechen würde.

Doch als er vor der imposanten Glasfassade der neuen Multifunktionsarena aus seinem Benz stieg, glaubte Wagner, seinen Augen nicht trauen zu können. An den Eingängen hatten sich dubiose Gestalten zusammengerottet, ein paar Dutzend Muskelmänner, die sich in zwei Parteien feindselig belauerten. Kurzhaarschnitt, Springerstiefel, finstere Mienen – als würde jeden Moment ein Bandenkrieg losbrechen.

Die Uniformen wiesen sie als Angestellte verschiedener Sicherheitsunternehmen aus. Die Chefs diskutierten lautstark. Im Hintergrund verteilten Handlanger Baseballschläger und Eisenketten. Ein Kleinbus brachte weitere Männer zur Verstärkung. So weit war es also schon gekommen.

Wagner schloss das Auto ab. Auf dem Weg zum Bürotrakt kam er sich vor wie bei einem Spießrutenlauf. Er zog den Kopf ein, klemmte die Mappe mit dem amtlichen Schreiben fest unter seinen Arm, schwenkte mit der Rechten den Personalausweis und rief den Leuten zu, dass er nur ein einfacher Ratsherr der Stadt Düsseldorf sei – unterwegs in neutraler Mission.

Die eine Fraktion ließ es sich nicht nehmen, ihn trotzdem zu kontrollieren. Als auch die Gorillas des zweiten Trupps seinen Ausweis sehen wollten und die anderen ihnen das Recht dazu absprachen, kam es zur ersten Rangelei.

Mit klopfendem Herzen schlüpfte Wagner durch die Tür. Auf dem Weg nach oben erinnerte er sich an die Pressekonferenz im letzten Monat, als die Eskalation eingeläutet worden war. Er hatte sie bewusst provoziert – ob er bis zuletzt die Kontrolle behalten würde, war ungewiss. Jeder Schritt warf neue Probleme auf, stellte Herausforderungen, auf die ihn weder das Studium der Rechtswissenschaft noch seine zwanzigjährige Berufspraxis als Anwalt vorbereitet hatten.

Aber er hatte Gefallen an dem Spiel gefunden. Seit dem Tag vor zwei Wochen ...

„Und wir werden doch noch WM-Austragungsort“, hatte Oberbürgermeister Kroll ihm auf dem Weg zum Sitzungssaal zugeraunt. Der kleingewachsene, kahlköpfige OB reckte siegesgewiss den Daumen nach oben, riss die Tür auf und schaltete beim Anblick der Medienmeute sein berüchtigtes Lächeln ein – jenes Zähnefletschen, welches untrüglich signalisierte, dass mit Dagobert Kroll nicht zu spaßen war.

Wagner bewunderte die Chuzpe des Stadtoberhaupts. Je brisanter die Situation, in die der Verwaltungschef sich und die Stadt manövrierte, desto unbeirrter ritt er seine Attacken gegen mögliche Kritiker – als gäbe es kein Gestern und kein Morgen.

Kroll eilte zum Podium, packte die Mikrofone und bog sie zu sich herunter. Auf seiner Glatze schimmerte Schweiß. Wagner fand einen Platz in der letzten Reihe neben Astrid Cornelius, der Finanzdezernentin der

Stadt, die sich das Schauspiel offenbar ebenfalls nicht entgehen lassen wollte.

„Was meinen Sie?“, fragte sie leise. „Wird er den Tag überstehen?“

„Keine Sorge“, antwortete Wagner. Er konnte sich zu den wenigen Beratern zählen, auf die der Verwaltungschef hörte, zumindest gelegentlich. Im letzten Herbst hatte Kroll ihn zum ersten Mal um Hilfe gebeten. Schon damals war die neue Arena im Norden der Stadt Thema gewesen – rote Zahlen von Anfang an, Gerüchte um Schiebungen und Korruption, die immer wieder dementiert werden mussten.

„Das Fernsehen ist auch da“, stellte die Finanzdezernentin fest und ordnete ihre kastanienbraune Frisur. „Weit mehr Presse als sonst. Wenn die Reporter aus Köln kommen, weiß ich schon, was die über uns berichten werden.“

Wagner nickte. Nichts Gutes über die Landeshauptstadt und ihre Arena, die an der Stelle des alten Rheinstadions errichtet worden war. Gedacht als Austragungsort der Fußballweltmeisterschaft – zumindest für einige Monate hätte dies die Betreibergesellschaft, an der die Stadt Anteile hielt, aus den roten Zahlen befördert. Und mit den Pachteinnahmen hätten die Kreditkosten bedient werden können, die der Bau aufgetürmt hatte. Zumindest ein Teil davon.

Doch der Zug war längst abgefahren. Auch wenn Kroll notorisch Optimismus versprühte. Wir werden doch noch WM-Austragungsort – Unsinn, wusste Wagner. Er war gespannt, ob sich die auswärtigen Zeitungsleute einlullen lassen würden wie die lokalen Reporter, deren Chefs zu den Golfpartnern des OB zählten oder ihn aus politischen Gründen unterstützten.

Cornelius rutschte auf ihrem Sitz hin und her wie ein Schulmädchen, das dringend zur Toilette musste. „Er wird doch nicht schon wieder ein Gutachten präsentieren?"

„Klar doch. Wie immer."

Auf dem Podium kam Kroll gerade zur Sache. Er rückte noch einmal die störrischen Mikrofone zurecht. Wie Wagner es ihm geraten hatte, ging der OB erst gar nicht auf die aktuellen Vorwürfe ein. Die jüngste Expertise prognostizierte wie die bisherigen eine ausreichend hohe Auslastung der Multifunktionsarena. Das neue Argument lautete, dass Düsseldorfs Fußballclub bei Heimspielen für die nötigen Zuschauermengen sorgen würde, obwohl die Fortuna nach wie vor in der Regionalliga kickte.

Die Medienvertreter schienen das zu schlucken. Eins zu null für den Verwaltungschef. Als habe Kroll nicht vor Kurzem noch die drittklassigen Fußballspiele als Hindernis für echte Großevents bezeichnet – mit deren Ausbleiben musste Kroll die Hoffnungen der Stadt eben neu definieren.

Und wer von den Pressefritzen ahnte schon, dass der Gutachter mit Krolls Schwester liiert war – der OB hatte höchstpersönlich den Inhalt diktiert.

„Wie wirkt sich die Insolvenz des Baukonzerns Werner-Bau aus?", fragte eine Rundfunktante und kam sich dabei kritisch vor.

Wagner wusste, dass dieser Einwand das passende Stichwort für die Nachricht des Tages war. Werner-

Bau hatte bislang die Mehrheit gehalten, sowohl an der Arena als auch an der Betreibergesellschaft. Der Konzern in beiden Rollen zugleich – dieser Umstand hatte das Kostenvolumen explodieren lassen, aber die Insolvenz des maroden Bauriesen nicht verhindern können. Andere Firmen hätten vielleicht seriöser gearbeitet. Aber sie hatten Krolls Bedingungen nicht akzeptiert.

„Gar nicht", erwiderte der OB, ließ die Zähne blitzen und blickte sich triumphierend im Saal um. „Wir haben bereits einen Käufer für die Anteile von Werner-Bau. Es handelt sich um Flemming-Entertainment aus Wuppertal, ein Unternehmen, das auf dem Gebiet des Veranstaltungsmanagements einen tadellosen Ruf besitzt. Jürgen Flemming wird die mehrheitlichen Anteile sowohl an der Arena als auch an der Betreibergesellschaft übernehmen und damit sämtliche Verbindlichkeiten. Gestern habe ich den Vertrag perfekt gemacht. Flemming wird die Arena ganz in unserem Sinn führen, ohne dass für die Stadt irgendwelche Risiken entstehen."

Wagner lehnte sich zufrieden zurück. Die Pressekonferenz verlief nach Fahrplan. Die letzten Zweifel an der Zukunft der Arena schienen ausgeräumt. Wagner selbst hatte den Kontakt zu Flemming hergestellt, seinem alten Freund aus Schulzeiten.

Das Zugeständnis an Flemming bestand in einer Stundung der Pacht für die ersten zwölf Monate. Die Stadt hatte ihm also die Arena für ein Jahr geschenkt. Aber das musste man der Öffentlichkeit nicht auf die Nase binden.

Dass sich Flemming-Entertainment zuversichtlich gab, ab dem zweiten Jahr Gewinn zu erwirtschaften, hatte selbst Kroll erstaunt. Aber der OB war kein Mann, der sich lange mit Zweifeln aufhielt. Hauptsache, er und die Stadt waren aus dem Schneider. Wagner spürte noch immer einen leichten Kater vom Schampus, mit dem sie den Vertrag begossen hatten.

Mit einem Taschentuch tupfte sich Kroll den Schweiß von der Glatze. Er bog die Mikros noch weiter nach unten und malte der Presse in leuchtenden Farben das Bild vom Weltniveau, auf das eine ausgebuchte Arena die Landeshauptstadt endgültig heben würde.

Doch dann kam er wieder mit seiner ominösen Ankündigung: „Außerdem gibt es konkrete Chancen, dass wir doch noch WM-Austragungsstadt werden."

Ein Raunen ging durch den Saal. Immer muss Kroll es übertreiben, dachte Wagner. Auch die Finanzdezernentin in ihrem grauen Hosenanzug wurde wieder nervös.

Der Oberbürgermeister erklärte: „Sie wissen um das Hickhack in Hamburg. Die FIFA bleibt bei ihrer Ablehnung der AOL-Arena, denn AOL zählt bekanntlich nicht zu den FIFA-Sponsoren."

Wagner rieb sich die Augen. Er spürte, dass niemand Krolls Optimismus teilte.

„Und falls es dort zu einer Lösung kommt wie in Köln, wo der Name RheinEnergieStadion für die Zeit der WM gestrichen wird?", fragte ein Reporter des Blitz.

Kroll hörte nicht auf, seine Zähne zu zeigen. „Für diesen Fall hat mir Franz Beckenbauer persönlich einen Ausgleich in Form von Länderspielen zugesagt."

Wagner wandte den Blick ab. Er spürte, dass er die Show nicht länger ertrug, und fingerte eine Zigarette aus der Schachtel.

Kroll spielte den letzten Trumpf aus. Mit leuchtenden Augen verkündete er: „Und im Dezember wird Paul McCartney mit seiner Band in der Arena auftreten. Flemming-Entertainment hat mir das zugesichert."

Wieder wurden die Zuhörer unruhig, diesmal jedoch aus staunendem Interesse. Finanzdezernentin Cornelius wusste es besser und stöhnte kurz auf.

Wagner verließ den Saal. Noch während er das Rathausfoyer durchquerte, zündete er den Glimmstängel an. Er trat ins Freie, inhalierte tief und versuchte, sich zu entspannen.

Düsseldorf hatte seinen Ausgleich für die entgangene Weltmeisterschaft längst vom DFB erhalten – das Match gegen Argentinien zur Arena-Eröffnung im letzten Jahr. Und Paul McCartneys Tourveranstalter hatte hart verhandelt. Es gab zu viele Arenen in dieser Region. Selbst ein ausverkauftes Konzert würde ein Verlustgeschäft werden.

Wagners Blick fiel auf das Reiterstandbild des Kurfürsten Johann Wilhelm, den die Düsseldorfer Jan Wellem nannten. Laut Sockelinschrift war die mächtige Bronzestatue ein Geschenk dankbarer Bürger. In Wirklichkeit hatte sie der Barockregent selbst in Auftrag gegeben und die Steuern erhöht, um die Kosten stemmen zu können.

Eine Farce, dachte Wagner. Und OB Kroll war in der Lage, sie noch zu übertreffen. Nur gut, dass kein Außenstehender alle Machenschaften und Vertragsdetails rund um den Luxuskasten im Düsseldorfer Norden kannte.

Wagner musste husten, trat die Zigarette aus und blickte den Medienleuten nach, die das Rathaus verließen. Die Pressekonferenz war vorüber.

In diesem Moment schrillte Wagners Handy.

Es war der Oberbürgermeister. „Du musst mir helfen", bellte er.

„Was ist los?"

„Flemming rief gerade an. Er verlangt Einblick in die Bücher! Das müssen wir um jeden Preis verhindern, verstehst du?"

Wagner verstand.

Kroll schnupperte am Cognac und ließ ihn im Glas kreisen. Es war bereits sein dritter. Der kleine Mann versank immer tiefer im Sessel. So hatte Wagner ihn noch nie erlebt.

„Am liebsten würde ich alles hinwerfen", knurrte der OB leise. „Mich aus dem Staub machen. Brasilien wäre nicht schlecht."

Wagner beendete sein Telefonat und schlug die Gemeindeordnung auf. „Und dein Denkmal?", erwiderte er. „Die Sockelinschrift der dankbaren Bürger?"

„Wovon redest du?"

„Hör zu, ich weiß einen Ausweg."

Doch Kroll schien sich nur noch für den Weinbrand zu interessieren, den er in seinen Schlund kippte. Wagner nahm ihm die Flasche weg und begann mit seiner Erklärung.

Die Stadt besaß das Vorkaufsrecht für sämtliche Anteile der pleitegegangenen Werner-Bau an der Arena. Wenn sie das Recht wahrnahm, musste sich Flemming mit seiner Rolle als Mehrheitseigner der Betreibergesellschaft begnügen. Und ihr konnte die Stadt als Arenabesitzer im nächsten Schritt den Pachtvertrag kündigen.

Einblick in die Bücher – das Thema wäre vom Tisch.

„Und die Schulden?", fragte der OB. „Wenn die Stadt den Mehrzweckklotz übernimmt, muss sie auch für die Baukosten geradestehen. Die Beseitigung des einen Problems schafft nur ein noch größeres."

„Seit wann stört dich das?"

„Unser Koalitionspartner wird das nicht mittragen. Allein kriegen wir das niemals durch."

Aber auch dafür wusste Wagner eine Lösung. Im Hauptausschuss genügten die Stimmen ihrer Partei für eine Mehrheit. Und bei großer Dringlichkeit durfte dieser Ausschuss entscheiden. Bis zur nächsten Ratssitzung würde die Verwaltung Fakten geschaffen haben, der Coup wäre bereits besiegelt. „Alles nur eine Frage des Timings", sagte Wagner.

Mit Schwung stellte Kroll sein leeres Glas ab. „Du bist ein Genie, mein Lieber!"

Solche vertraulichen Worte hatte der OB noch nie an ihn gerichtet. Wagner vermutete, es lag am Alkohol, dass der Verwaltungschef ihn nicht fragte, wie er die Dringlichkeit im Hauptausschuss begründen solle. Und wer statt Flemming-Entertainment die Arena pachten solle, ohne ebenfalls die Bücher studieren zu wollen.

Doch er hatte Kroll unterschätzt. Die Zähne zeigend, griff der OB nach dem Telefonhörer und sagte zu Wagner: „Die D-Projekt-GmbH wird unser neuer Betreiber. Der Direktor ist einer meiner Golfkumpel. Wir hätten das von Anfang an so machen sollen."

Jetzt war es an Wagner, dem OB Genialität zu attestieren. D-Projekt war eine Tochter der Messegesellschaft, die wiederum von der Stadt kontrolliert wurde. Keiner würde Kroll in Zukunft in die Suppe spucken. Nicht die Stadt würde für künftige Verluste aufkommen müssen, sondern eine private Firma. Dass sie letztlich wiederum der öffentlichen Hand gehörte, stand auf einem anderen Blatt.

Als Wagner das Büro verließ, war der OB bereits wieder ganz der Alte.

Am übernächsten Donnerstag trat turnusmäßig der Hauptausschuss zusammen. Unmittelbar nach der Sitzung kutschierte Wagner die Finanzdezernentin zum Notar, um den Arena-Deal perfekt zu machen.

Stille im Benz, keiner sagte ein Wort. Es hatte den erwarteten Eklat gegeben.

Wagner schaltete das Autoradio ein. Die Nachrichten brachten den Bruch der Düsseldorfer Ratskoalition als Aufmacher. Die Partei des OB habe die anderen Fraktionen brüskiert und den Kauf der Sportstätten-Anteile durchgesetzt. Nun würde die Stadt auf dem Klotz sitzen und damit auf den Zinslasten, die ein Kredit in Höhe von 218 Millionen Euro nun einmal mit sich brachte. Bauträger Werner-Bau hatte nie eigenes Kapital aufgewandt.

„Wann war Ihnen klar, dass es so weit kommen würde?“, wollte Astrid Cornelius wissen, als die Meldung gesendet war.

Wagner fragte sich, wie ehrlich er seiner Beifahrerin gegenüber sein durfte. Die Finanzdezernentin war eine alte Parteifreundin. Aber was hieß das schon in Krisenzeiten?

Cornelius antwortete selbst: „Ich ahnte es von Anfang an. Werner-Bau stand schon zu Planungsbeginn am Rand der Pleite. Wenn der OB nicht auf der achttausend Tonnen schweren Schiebedachkonstruktion bestanden hätte, hätten uns ganz andere Optionen offengestanden."

„Sie kennen den Satz vom Kind und dem Brunnen."

„Klar, jetzt lässt sich das nicht mehr rückgängig machen. Aber warum müssen wir Flemming-Entertainment kündigen, keine zwei Wochen nachdem wir den Pachtvertrag unterschrieben haben?"

„Weil wir das gerade so beschlossen haben. Sie haben doch gehört, was der OB diesem Wuppertaler Unternehmen vorwirft. Unfähigkeit, Missmanagement ..."

„Ja, aber das wird teuer."

„Die Arenaverluste?"

„Sowieso, davon rede ich gar nicht. Ich meine Flemming. Den kriegen wir nur gegen eine dicke Abfindung aus dem Vertrag."

Darüber hatte Wagner auch schon nachgedacht. Er fragte: „Haben Sie mit dem OB darüber gesprochen?"

„Über die Abfindung? Natürlich."

„Und wie weit würde die Stadt gehen?"

Cornelius zögerte. Dann sagte sie: „Hm, ehrlich gesagt, habe ich seit einiger Zeit ein ungutes Gefühl."

„Inwiefern?"

„Glauben Sie, dass Kroll noch der Richtige für unsere Stadt ist?"

Flemming rein, Flemming raus. Vermeintliche Rettung, Katzenjammer und wieder Licht am Horizont.

Kroll, der unverbesserliche Düssel-Napoleon, Hütchenspieler und Lichtgestalt zugleich – die Winkelzüge der letzten Wochen schwirrten Wagner durch den Kopf, als er einen Tag später den Stadtteil Stockum im Norden ansteuerte. In seiner Mappe das entscheidende Schreiben: Der Arenabesitzer kündigte dem Arenabetreiber.

Für einen Moment dachte Wagner, wie schön es wäre, tatsächlich die Fußball-WM zu Gast zu haben. Er schalt sich einen Träumer und brachte seinen Mercedes vor dem Koloss aus Beton und Glas zum Stehen. Dann sah er die Bescherung.

Wütende Schlägertrupps. Blaue Uniformen, Springerstiefel und finstere Mienen. Ein drohender Bandenkrieg. Jeden Moment würden die Kerle übereinander herfallen ...

Wagner war froh, als er endlich unbeschadet die Treppe des Bürotrakts emporsteigen konnte. Jürgen Flemming empfing ihn im Chefzimmer. Ein Kerl mit sonnigem Gemüt, auf rätselhafte Weise jung geblieben, vielleicht trieb Flemming Ausdauersport. Die Einrichtung des Raums war noch die gleiche wie zu Zeiten von Werner-Bau. Pläne an der Wand, ein Modell in der Vitrine. Rechner, Monitore, Faxgerät, Kopierer. Nichts hatte sich in den letzten Wochen verändert.

Wagner legte den Aktenkoffer auf den Tisch, entnahm den Kündigungsbrief und fragte: „Was zum Teufel ist da unten los?“

Flemming machte ein sorgenvolles Gesicht und rieb sich den Schnurrbart. „Ich habe kein Vertrauen mehr zu Fichte-Security. Der Streit um die Unterlagen, verstehst du? Womöglich stehen die Fichte-Leute unter

Krolls Einfluss und warten nur auf eine Gelegenheit, hier die Computer rausschleppen zu können. Ist doch möglich, oder?“

„Kroll ist alles zuzutrauen.“

„Eben. Deshalb habe ich neue Leute engagiert. Aber das Sportamt, das hier ein paar Büros gemietet hat, will sich weiter von der alten Mannschaft bewachen lassen. Fichte-Security gegen meine Leute, darauf läuft’s hinaus. Und hinter dem Sportamt steckt Kroll.“

„Vielleicht kommt uns der Truppenaufmarsch sogar entgegen.“

„Wie viel ist die Stadt bereit zu zahlen?“

„Drei Millionen. Aber von mir weißt du das nicht.“

Flemming lachte und las das Schreiben der Stadt. Er warf es zurück auf den Tisch. „Euer OB hält sich für den Sonnenkönig. Weißt du was? Auf dem Weg hierher fahre ich jedes Mal an einem Bauschild vorbei. Normalerweise heißt es da: ‚Hier baut die Landeshauptstadt Düsseldorf‘ und so weiter. Aber ihr schreibt auf eure Schilder: ‚Hier baut der Oberbürgermeister der Landeshauptstadt Düsseldorf, Dagobert Kroll‘. Unglaublich, nicht wahr?“

Wagner dachte wieder an die Sockelinschrift des Jan-Wellem-Denkmals.

„Drei Millionen also“, wiederholte Flemming. „Was meinst du?“

Wagner deutete ein Kopfschütteln an. Die Stadt würde deutlich mehr lockermachen müssen.

„Einige der alten Mitarbeiter haben übrigens geredet“, berichtete Flemming. „Und ich hab ein paar Unterlagen gefunden. Dateien im Rechner und so. Die Arena stinkt von oben bis unten. Damit der Rahmen von 218 Millionen für die reinen Baukosten eingehalten werden konnte, musste die alte Betreibergesellschaft den kompletten Innenausbau auf ihre Kappe nehmen. Inklusive des sündhaft teuren Schiebedachs."

„Ich weiß."

„Es wird gemunkelt, dass sich an diesem speziellen Extra ein Planungsbüro gesundgestoßen hat, das einem Vetter eures famosen OB gehört. Die Anforderung für das Dach wurde von der Stadt so formuliert, dass zufällig nur dieses eine Büro infrage kam. Und das ist nur die Spitze des Eisbergs. Die verschwundenen Belege – wenn die auftauchten, wären sie ein gefundenes Fressen für jeden Korruptionsermittler. Weißt du was?"

„Nein."

„Eigentlich gehört das Schiebedach jetzt mir. Was meinst du, wie viel es wert ist?"

„Ich glaube nicht, dass du so argumentieren kannst."

„Arena, Baufirma, Stadt, Betreibergesellschaft – alles ist über weitere GmbHs miteinander verflochten. Gegen diese Konstruktion war das Fernsehimperium von Leo Kirch nur ein Spielzeugladen. Und kein Vorstand oder Verwaltungsrat, in dem euer Sonnenkönig nicht das Sagen hat. Von der Sparkasse bis zum Fußballklub."

Wagner zuckte mit den Schultern. So war das nun mal.

Von unten schallten Rufe herauf.

Flemming drängelte: „Mensch, Moritz, jetzt sag endlich: Wie viel an Abfindung ist für uns drin?"

Der Lärm wurde lauter. Wagner öffnete die Tür und peilte die Lage. Er antwortete: „Setz auf Zeit, Jürgen.

Pokere noch ein wenig. Das Potenzial der ganzen Farce ist noch nicht ausgereizt. Ich sage nur: die Medien. Spott und Häme gegen die Stadt. Die Eskalation des Wahnsinns."

„Was heißt das konkret?"

„Leg Einspruch gegen die Kündigung ein und kündige deinerseits dem Sportamt. Fristlos und unverzüglich. Und lass deine Gorillas endlich die von Fichte-Security rauswerfen."

„Rauswerfen?", echote Flemming erstaunt.

„Wegen Gefährdung der Sicherheit. Was Kroll kann, kannst du schon lange."

Flemming leckte sich die Lippen. „Du bist genial", sagte er und griff zum Telefon.

„Ich weiß", antwortete Wagner.

Das Blutbad auf dem Gelände der Multifunktionsarena war sogar der überregionalen Presse eine Meldung wert. Fünfundzwanzig Verletzte, einige davon schwer, darunter auch zwei Polizeibeamte, die zum Schlichten herbeigeeilt waren. Erst eine komplette Hundertschaft hatte die Schlägerei beenden können.

Die Tagesthemen zeigten Bilder eingeschlagener Scheiben und von Blutpfützen auf dem Arenavorplatz sowie Aufnahmen aus dem Krankenhaus. Im O-Ton bezichtigte Jürgen Flemming den Düsseldorfer Oberbürgermeister des Vertragsbruchs.

Während der folgenden Tage überschlugen sich die Medien mit Anschuldigungen gegen das „gescheiterte Renommierobjekt" und den „Größenwahn der Stadtverwaltung".

Es wurde eng für OB Kroll.

Schließlich trat der Rat der Stadt zusammen. Im Unterschied zum Hauptausschuss besaß Krolls Partei hier nicht die Mehrheit. Erwartungsgemäß stimmte der bisherige Koalitionspartner mit der Opposition gegen den Kauf der Arena-Anteile. Doch der OB gab sich unbeeindruckt und erklärte den Beschluss kurzerhand für ungültig.

Am nächsten Tag erwirkte er im Namen der Stadt vor Gericht eine einstweilige Verfügung gegen Flemming-Entertainment, wonach die Firma ihre Büros im Arenagebäude räumen musste. Die Fronten verhärteten sich weiter – Wagner hatte mit nichts anderem gerechnet.

Konzertveranstalter Flemming bestand auf Vertragserfüllung, drohte mit Prozessen sowie der Annullierung des Auftritts von Paul McCartney. Er hatte erfahren, dass über seinen Vorgänger Werner-Bau Millionensummen an den Fußballclub Fortuna geflossen waren, um dem Regionalligisten auf die Beine zu helfen und ihn in die zweite Liga zu befördern. In weiteren Interviews zog Flemming daraus den Schluss, dass die Arena längst ein profitables Unternehmen wäre, wenn die alte Betreibergesellschaft das Geld vernünftiger investiert hätte. Natürlich war dies reine Spekulation, aber Flemming musste unvermindertes Interesse an der Veranstaltungsstätte demonstrieren, um die Abfindungsansprüche weiter hochzujubeln.

Fast wäre er mit seinem Wissen um die Schiebedach-Schiebungen zum Staatsanwalt gelaufen. Aber davon konnte Wagner ihn gerade noch abhalten. „Lass uns auf dem Teppich bleiben“, beschwor der Anwalt seinen

Schulfreund. „Für die Wahrheit können wir uns nichts kaufen."

Eine Woche später war das Büro im ersten Stock der Arena bis auf einen nackten Tisch leer geräumt. Kein Drucker, kein Kopierer, nicht einmal mehr das Telefon. Flemming und die Finanzdezernentin der Stadt Düsseldorf beugten sich über das mehrseitige Schriftstück und gingen die einzelnen Punkte der Abfindungsvereinbarung durch.

Wagner blickte aus dem Fenster. Draußen luden Umzugspacker Möbel und Bürogeräte in große Lastwagen. Jürgen Flemming ließ alles nach Wuppertal schaffen, was nicht niet- und nagelfest war.

Schließlich setzten Cornelius und Flemming ihre Unterschrift unter das Dokument und besiegelten die Summe – das Zehnfache des ursprünglichen Angebots.

Dreißig Millionen Euro.

Ein Klacks im Vergleich zu dem, was hier fehlinvestiert und vermurkst worden ist, dachte Wagner und ließ seinen Blick hinüber zur benachbarten Messe schweifen, deren Tochterfirma nun für die Spielstätte zuständig sein würde. Ein Satz des Oberbürgermeisters ging ihm durch den Kopf: Wir hätten das von Anfang an so machen sollen. Wer weiß, wer dann abgesahnt hätte.

Die Finanzdezernentin räusperte sich zum Zeichen, dass sie aufbrechen wollte. Wagner verabschiedete sich mit Handschlag und einem verstohlenen Augenzwinkern von seinem Freund. Für den Sommer hatten sie eine Segeltour verabredet – aber das brauchte in Düsseldorf niemand zu erfahren.

Flemming lächelte immer breiter. Als wolle er sie zusätzlich ärgern, fragte er die Dezernentin: „Stimmt es, dass Ihr Oberbürgermeister ganz plötzlich untergetaucht ist?"

Cornelius verweigerte die Antwort. Wagner begleitete sie nach unten und bot ihr an, sie zurück zum Rathaus zu fahren. Er drehte den Zündschlüssel, mit dem Motor sprang das Radio an. Die Meldung, dass Kroll verschwunden war, hatte bereits ihren Weg in die WDR-Nachrichten gefunden.

Noch beim ersten Satz beugte sich Cornelius vor und schaltete die Radioanlage aus.

Als sie das Stadtzentrum erreichten, brach die Dezernentin das Schweigen. Sie zupfte ihr graues Jackett zurecht und sagte: „Auch wenn letztlich nicht alles hundertprozentig nach Wunsch verlief, sind wir Ihnen doch zu großem Dank verpflichtet, Herr Wagner."

„Nicht der Rede wert, Frau Cornelius. Man hilft, wo man kann."

„Die Stadt ist aufgrund Ihrer Mithilfe diesen unseriösen Veranstaltungsmanager losgeworden, und das ist die Hauptsache. Düsseldorf kann es sich nicht leisten, den Ruf der Arena zu beschädigen."

Wagner stimmte seiner Beifahrerin zu. Er hielt vor einer roten Ampel, blickte einem Flugzeug hinterher, das am Himmel seine Bahn zog, und dachte an sein Konto in der Schweiz. Seine Hälfte, fünfzehn Millionen. Er hatte seinen Wuppertaler Kumpel nur deshalb in die Betreibergesellschaft geholt, weil er sich sicher gewesen war, dass der Vertrag platzen würde, sobald Flemming Einsicht in die Geschäftsunterlagen der

Arena verlangte. Und die Abfindung zu teilen war sein Deal mit dem Schulfreund gewesen.

Dass sie so hoch ausfallen würde, hatte Wagner damals nicht geahnt.

Seine Beifahrerin fuhr fort: „Was die Partei allerdings maßlos ärgert, ist Krolls Verhalten. Verstehen Sie den Kerl?"

„Nein."

„Ich habe mit seiner Frau telefoniert. Angeblich ist selbst sie überrascht. Wussten Sie von Krolls Fluchtplänen?"

„Er hat mal so etwas angedeutet, aber nie im Leben hätte ich gedacht, dass er es wahr macht."

„Damit lässt er sämtliche Gerüchte wieder aufleben. Wie kann er uns nur so im Stich lassen? Wohin ist er überhaupt geflohen?"

„Brasilien, glaube ich."

Cornelius spielte nervös mit einem dicken Ring an ihrer Rechten. „Wird er damit nicht schlafende Hunde wecken? Das wirkt doch wie ein Schuldeingeständnis. Womöglich wird die Staatsanwaltschaft Lunte riechen und sich für die Arena interessieren!"

„Wohl kaum", antwortete Wagner. „Die halbe Justizbehörde spielt Golf oder Tennis mit Kroll."

Die Dezernentin ließ ein grimmiges Lachen hören. Dann sagte sie: „Die Nachfolgefrage muss jedenfalls so rasch wie möglich geregelt werden."

„Klar."

„Wir haben an Sie gedacht, Herr Wagner."

„Bitte?"

Hinter ihnen ertönte ein Hupen. Wagner nahm wahr, dass die Ampel auf Grün geschaltet hatte. Er beschleunigte. Sich am Lenkrad festhaltend, versuchte er, die Neuigkeit zu verdauen.

„Ich muss mich erst mit meiner Frau beraten", sagte er.

„Natürlich."

„Und prüfen, wie ich das mit meiner Kanzlei vereinbaren kann."

„Wir sind uns sicher, dass Sie das hinkriegen, Herr Wagner."

Als sie ein paar Minuten später auf dem Kopfsteinpflaster des Marktplatzes hielten, fragte Cornelius: „Spielen Sie ebenfalls Golf? Ich meine ... Sie wissen schon. Wie Kroll."

„Nein. Weder Golf noch Tennis."

Die Dezernentin nickte. „Sehr gut. In Zukunft muss unsere Stadt korrekt geführt werden. Keine Mauscheleien, keine Tricksereien. Angesichts der geplanten Großprojekte können wir uns das nicht leisten. Nicht einmal den Anschein davon."

„Das sehe ich genauso."

Sie gaben sich die Hände, fest und entschlossen. Cornelius stieg aus, trippelte am Reiterstandbild des Kurfürsten vorbei und winkte noch einmal, bevor sie im Rathaus verschwand.

Moritz Wagner atmete tief durch und blinzelte Jan Wellem zu. Ein stolzer Regent auf hohem Ross. Und eine Sockelinschrift, die vom Ruhm des Fürsten und der Dankbarkeit seiner Untertanen kündete.

In diesem Moment schoss Wagner eine Vision durch

den Kopf – seine erste Amtshandlung als Oberbürgermeister dieser großartigen Stadt: ein Anruf bei „Kaiser“ Franz Beckenbauer, dem Chef des WM-Organisationskomitees.

Wagner legte sich die Argumente zurecht: die Verkehrsanbindung, die Weltoffenheit der Bürger und die kostspieligste Spielstätte der gesamten Region. Der Zug war tatsächlich noch nicht abgefahren. Bis zum Beginn der Spiele ließ sich einiges bewegen.

Die unvergessenen Worte seines Vorgängers: Und wir werden doch WM-Austragungsort.

Die Welt hatte Löcher, in die ich fiel, um fern von meiner Emscherquellgemeinde an Orten aufzuschlagen, an die ich gar nicht wollte. Zumindest fühlte ich mich manchmal so.

„Wollen wir mal wieder dem Kampf der geschnitzten Figuren frönen?", fragte mein alter Freund Kai Sebring eines Morgens am Telefon.

Ich wunderte mich. Seit Kai den Job als Chauffeur bei Jacobi angenommen hatte, waren wir nicht mehr zum Schachspielen gekommen.

„Jacobi hat mir gekündigt", erklärte Kai, bevor ich nachfragen konnte. „Der blöde Arsch. Ich hab rausgekriegt, dass er der Typ war, wegen dem Sylvie mich verlassen hat. Aber der feine Anwalt hat sie schon wieder abserviert. Das hat sie nun davon."

„Verstehe."

„Also, lass uns mal wieder die grauen Zellen trainieren!"

Ich überlegte, wie ich ihm seinen Wunsch abschlagen konnte, ohne ihn zu verletzen.

„Außerdem muss ich dir was Hochbrisantes zeigen", sagte er. „Ich brauche deinen Rat als Medienprofi. Da könnte eine Menge für uns rausspringen, wenn wir ins Geschäft kommen. Ich hab schon mit Nele gesprochen, aber das war ein Schuss in den Ofen."

„Nele?"

„Nele Baumann. Damals, Schumann-Gymnasium."

Eine vage Erinnerung regte sich, aber Kai war schon weiter: „Du kennst doch Jan Böhmermann, oder? Hast du mal gesagt!“

Hatte ich das? Ich war freiberuflicher Kameramann beim WDR in Dortmund und gelegentlich für andere Sender. Aber weder da noch dort war mir Böhmermann je begegnet.

„Also, was ist?“, drängte Kai

Meine Neugier war geweckt. Wir verabredeten uns für den Abend bei ihm.

Sophie konnte Kai nicht leiden. Ich erklärte meiner Frau, dass mein alter Freund Trost brauchte, nachdem er zuerst seine Freundin und jetzt auch seine Arbeit verloren hatte.

„Warum setzt er sich auch angetrunken hinters Steuer“, sagte Sophie.

„Woher weißt du das?“

„Hast du mir das nicht erzählt?“ Wieder etwas, woran ich mich nicht erinnern konnte. „Aber geh ruhig“, sagte sie. „Und tröste ihn!“

Sie nahm ihren Mantel von der Garderobe, und mir fiel ein, dass sich heute der Vorstand des Kulturvereins traf. Ich gehörte zu den Gründungsmitgliedern, aber während ich die Lust an der Sache verloren hatte, war Sophie in den Vorstand aufgerückt.

„Heute wählen wir die neue Vorsitzende“, sagte sie.

„Habt ihr Frau Jacobi endlich abgesägt?“

„Nein, sie hat hingeworfen. Völlig überraschend. Hat ihre Stelle im Haus Opherdicke aufgegeben und ist nach London gegangen.“

Ich fragte mich, was das für ihre Ehe bedeutete. Ihr Mann, der Schürzenjäger, hatte einige Beziehungen auf dem Gewissen, wie man in Holzwickede munkelte. Nun hatte es offenbar seine eigene erwischt. Mein Handy klingelte. Auf dem Display die Nummer von Kai.

„Bei dir wird es sicher spät." Sophie hauchte mir einen Abschiedkuss auf die Wange.

„Ich hoffe nicht", sagte ich und nahm das Gespräch an.

„Planänderung", sagte Kai. „Ich komme zu dir."

„Was ist denn passiert?"

„Die sind bei mir eingebrochen. Alles durchwühlt, das reinste Chaos."

Ich fragte mich, wer „die" waren.

„Aber sie haben es nicht gefunden. Denn ich hab's immer bei mir."

„Was denn?"

„Eine Bombe! Wird dich aus den Socken hauen."

Mein Häuschen lag am Rand der Gemeinde, im Ortsteil Hengserholz zwischen Ruhr und A1. Meine Eltern hatten es in den Siebzigern gebaut, und ich hatte es dann in den Neunzigern geerbt. Die Zimmer waren klein, und Sophie beschwerte sich immer wieder über das alte Gemäuer. Sie hatte fast sämtliche Zwischenwände im Erdgeschoss einreißen lassen und eine große, helle Wohnküche geschaffen – als Innenarchitektin setzte sie sich in solchen Fragen natürlich durch.

Der Keller war eher mein Bereich, und dort Ordnung zu halten, würde ich wohl nie schaffen. Ich brauchte mehr als eine halbe Stunde, um mein altes Schachspiel zu finden. Im Wohnküchen-Loft platzierte ich die Figuren auf das Brett. Ausgerechnet die weiße Dame fehlte. Ich ersetzte sie durch einen Salzstreuer. Dann entkorkte ich eine Flasche Wein und fragte mich, wo Kai blieb.

Um einundzwanzig Uhr rief ich ihn an, doch es meldete sich nur die Mailbox.

Ich sagte mir, dass ich froh sein sollte, denn mir würde der Frust einiger verlorener Schachpartien erspart bleiben. Und ich müsste mir keine endlosen Tiraden über das Versagen der Regierung und die Gier der Eliten anhören.

Doch der Gedanke an den Einbruch, von dem Kai berichtet hatte, beunruhigte mich. Also entschied ich mich, nach dem Rechten zu sehen.

Kai wohnte unweit meiner alten Schule in einem der beiden Hochhäuser Holzwickedes. Um diese Uhrzeit brauchte ich mit meinem Ford Transit keine zehn Minuten. Als ich in die Buchholzstraße einbog, empfing mich Blaulichtgeflacker und ich hoffte, dass die Kreispolizei Unna nicht wegen meines Freundes ausgerückt war.

Ich parkte hinter dem Streifenwagen. Beim Aussteigen knirschten Glasscherben unter meinen Sohlen. Es stank nach verschmortem Kunststoff. Nach wenigen Schritten stoppte mich rot-weißes Flatterband, und mein Blick fiel auf das verkohlte Gerippe eines VW Scirocco.

Am übergroßen Heckspoiler erkannte ich, dass es sich um Kais Wagen handelte. Große Flocken Löschschaum am Wrack sagten, dass die Feuerwehr im Einsatz gewesen war.

„Was ist passiert?“, fragte ich aufgeregt den Uniformierten, der in seinem Wagen saß und etwas schrieb. Weil er nicht reagierte, zeigte ich ihm mein Kärtchen.

„WDR Dortmund."

„Mal wieder den Funk abgehört, was?"

„Reden Sie schon, wir tun hier beide nur unseren Job."

„Suizid."

„Wie bitte?"

„Die Kollegen von der Kripo meinen, der Mann hat sich selbst mit einer Autobombe in die Luft gejagt, nachdem er seine Wohnung da oben im achten Stock verwüstet hat."

„Suizid mit einer Autobombe? Das glauben Sie doch …"

„Er war ein Trinker, sagen die Nachbarn. Wenn Sie wüssten, wie viele Menschen heutzutage an Depressionen leiden."

Aber nicht Kai, dachte ich.

Das Unglück hatte sich kurz vor zwanzig Uhr ereignet, also unmittelbar nach seinem Anruf bei mir. Mehr bekam ich aus dem Beamten nicht heraus.

Ich blickte mich um. Ein paar Gaffer standen noch an der Absperrung, vermutlich Nachbarn. Ich holte meine Kamera aus dem Transit, hob die Mühle auf die Schulter und drehte einige Einstellungen vom Unglücksort, die ich der „Aktuellen Stunde" oder zumindest der „Lokalzeit" verkaufen würde. Das war ich meinem Job schuldig.

Vom Fahrersitz des Scirocco war kaum mehr übrig als ein paar Stahlfedern.

„Die sind bei mir eingebrochen …"

Wieder fragte ich mich, wer ›die‹ waren.

„Aber sie haben es nicht gefunden…"

Hinter was waren sie her, die Leute, die Kai getötet

hatten? Denn nie und nimmer hatte er sich selbst in die Luft gesprengt.

Als ich wieder in meinen Transit stieg, wusste ich, dass ich Kai etwas schuldig war. Sein Tod durfte nicht ungesühnt bleiben.

Ich lag im Bett, ohne Schlaf zu finden, als Sophie gegen Mitternacht nach Hause kam. Sie verschwand kurz im Bad, dann kroch sie neben mir unter die Decke. Ich roch ihre Fahne. Müde erzählte sie, dass man sie zur Vorsitzenden des Kulturvereins gewählt hatte und man darauf noch ein Glas getrunken habe. Ich gratulierte ihr, und sie antwortete mit einem leisen Schnarchen.

Der Gedanke an Kais Tod ließ mir keine Ruhe. Ich wälzte mich von einer auf die andere Seite, bis ich das Grübeln leid war. Ich schlich aus dem Haus und fuhr noch einmal an den Tatort.

Über der Freizeitanlage „Schöne Flöte" graute die Dämmerung. Kein Streifenwagen mehr am Straßenrand, doch noch immer hing der Gestank des verbrannten Autos in der Luft. Ich stieg über das Absperrband und erkundete den Ort im Lichtschein meiner Taschenlampe. Mehrere Autos neben Kais Scirocco waren in Mitleidenschaft gezogen worden. Scherben und Trümmer bedeckten die Straße, den Platz zwischen den Garagen und den schmalen Rasenstreifen vor den beiden Hochhäusern. Ich leuchtete alles ab, wusste aber nicht, wonach ich suchte.

Ein Fenster wurde aufgerissen. „Was machen Sie da?"

Sofort knipste ich die Lampe aus. In meiner Fantasie

rief der Anwohner die Polizei. Weil ich nichts weniger gebrauchen konnte als eine Nacht im Gewahrsam, trat ich den Rückzug an.

Etwas knackte unter meinen Sohlen. Es war ein Teil eines Notebook-Bildschirms. Noch einmal schaltete ich die Lampe ein, deckte sie mit der Hand ab und erblickte Plastikteile, eine verschmorte Platine, Teile der Tastatur.

Nur durch Zufall sah ich dann ein paar Meter weiter etwas Kleines, Silbriges im Licht schimmern, das sich als USB-Stick entpuppte. Ich ließ den kleinen Datenträger in meiner Hosentasche verschwinden.

Mein Blick wanderte zurück zur Hausfassade. Dunkle Fenster, kein Mensch zu sehen.

Doch in einem weißen SUV an der Kreuzung machte ich eine Gestalt aus und fühlte mich ertappt. Rasch stieg ich in meinen Transit und machte, dass ich wegkam.

Folgte mir jemand, oder litt ich an Paranoia? Im beginnenden Tageslicht meinte ich, einen dunklen Sportwagen hinter mir zu erkennen, Mercedesstern auf dem Kühler. Ich bog ein paar Mal ab, dann war ich mir sicher. Meinem Verfolger war es offenbar egal, dass ich ihn bemerkte.

Statt nach Hause fuhr ich auf die B1 in Richtung Dortmund. Ohne jeden Plan beschleunigte ich. Der Mercedes blieb dran. Keine Chance, ihn abzuhängen.

Ich tastete nach dem USB-Stick in meiner Tasche. Der Wunsch zu erfahren, was auf ihm gespeichert war, ließ mich jede Vorsicht vergessen. Als vor mir die Westfalentankstelle auftauchte, riss ich im letzten Moment das Steuer herum und trat auf die Bremse. Der Transit schlingerte an den Zapfsäulen vorbei, der dunkle Sportwagen raste auf der Schnellstraße weiter.

Vermutlich würde er auf der Standspur vor der nächsten Ausfahrt auf mich warten. Das kannst du lange tun, dachte ich, und ließ meinen Transporter über eine lange, mit Gras bewachsene Böschung rumpeln, bis ich die parallel verlaufende Emschertalstraße erreichte, die mich zurück nach Holzwickede brachte.

Genau wie der Keller gehörte der Dachboden meines Hauses zu meinem Reich. Er bestand aus zwei Räumen. Der eine diente als Archiv, der zweite war mein Arbeitszimmer. Hier hatte ich mir einen Videoschnittplatz eingerichtet, um meinen Kunden nicht nur Rohmaterial, sondern auch fertig bearbeitete Nachrichtenfilme anbieten zu können.

Ich steckte den Stick an den PC und wurde enttäuscht. Das Verzeichnis des Datenträgers versprach rund tausend Fotos von Kais letztem Mallorca-Urlaub, sowie zwei Videos. In Erwartung einer verwackelten Strandszene klickte ich auf das erste Filmsymbol.

Zwei Stunden später wusste ich, was Kai mir versprochen hatte. Ich kopierte die beiden Videos auf meine Festplatte. An der Perspektive der Aufnahmen erkannte ich, dass sie mit versteckten Handys gemacht worden waren. Sie dokumentierten Meetings in ein und demselben Büro.

Video Nummer eins zeigte drei prominente Politiker, jeder von ihnen eine Spitzenkraft seiner Partei, wie sie eine Koalition nach der Wahl im kommenden Jahr vereinbarten.

Die Bombe daran war, dass in der Öffentlichkeit zwei der Ränkeschmiede absolut nichts mit dem dritten zu tun haben wollten. Weil er ihnen jetzt aber zusicherte, dass sich seine Fraktion von ihrem rechtsextremen, völkischen Flügel trennen würde, schien er plötzlich zum respektablen Partner zu werden.

Ich wusste, wie Kai über den Mann gedacht hatte. In seinen Augen war er ein Faschist. In meinen auch.

Während gegen Ende des Videos Schnaps serviert und Zigarren ausgepackt wurden, bekam ich Angst um dieses Land.

Im zweiten Filmchen präsentierte sich der Fascho-Typ gegenüber einem von seinen Lakaien umgebenen Managertypen als künftiger Verkehrsminister unseres Landes.

Der Manager krempelte die Ärmel hoch und bediente sich aus einer Schale mit Kirschen, deren Kerne er auf den Boden spuckte, während er zuhörte und beifällig nickte. Der zukünftige Minister stellte den Verkauf des Schienennetzes der Bahn in Aussicht und versprach, dass der Staat natürlich die Instandhaltung weiterhin subventionieren würde. Also null Risiko. Die Bahn als Mieter der Schienen würde ihrem Besitzer auf viele Jahre gewaltige Gewinne garantieren.

Als Gegenleistung brachte der Politiker ganz unverhohlen Spenden für seinen bevorstehenden Wahlkampf ins Gespräch. Eine Hand würde die andere waschen, und mir war klar, dass ich als Steuerzahler und Bahnkunde am Ende die Rechnung zahlte.

Man ging mit einem kumpelhaften Handshake auseinander.

Eine Bombe! Kai hatte recht gehabt.

Aber wie war er an das Material gekommen?

Ich sah mir alles noch einmal an und achtete auf die Kleinigkeiten am Rande. Mir blieb unklar, wo und wann die Gespräche stattgefunden hatten. Außer den drei Parteivertretern, deren Namen jeder Anne-Will-Stammzuschauer kannte, konnte ich niemand Bekannten ausmachen.

Bis auf eine Frau, die plötzlich durchs Bild huschte.

Ich spulte zurück und stoppte, als ihr Gesicht zu erkennen war. Mein Herz schlug schneller.

Sophie.

In diesem Moment klingelte es an der Haustür.

Ich warf einen Blick aus dem Dachfenster.

Vorm Haus parkte der weiße SUV, der mir im Morgengrauen in der Nähe von Kais explodiertem Wagen aufgefallen war.

Mein Besucher klingelte Sturm.

Zum ersten Mal bedauerte ich es, keine Waffe im Haus zu haben.

„Nele?“ Die Frau vor der Tür hatte kurzes blondes Haar. Sie wirkte, als hätte sie die Nacht durchgemacht. Nele Baumann, ehemalige Mitschülerin aus dem Clara-Schumann-Gymnasium. Die meisten Jungs in der Klasse waren scharf auf sie gewesen, aber sie hatte jeden abblitzen lassen. Sie hatte Schriftstellerin oder Schauspielerin werden wollen, das wusste ich noch.

„Was willst du?“, fragte ich.

„Wir sind hinter der gleichen Sache her. Bist du beim Autowrack fündig geworden?“

„Hast du Kai in die Luft gejagt?“

„Nein, natürlich nicht.“

„Was willst du?“, wiederholte ich.

„Du weißt ja, dass ich im Autorenteam von Böhmermann arbeite …“

Nein, wusste ich nicht. Aber ich fand, dass der Job zu ihr passte.

„Kai wollte mir Material verkaufen. Hast du das jetzt? Dann könnten wir beide ins Geschäft kommen.“

„Komm erst mal rein, Nele.“

„Das heißt, wir sind im Geschäft?“

Im Wohnküchen-Loft machte ich erst einmal Kaffee. Nele befingerte den Salzstreuer auf dem Schachbrett. Ich verriet ihr nichts über den USB-Stick und die beiden Videos. Sie dagegen redete umso mehr.

Kai habe ihr von kompromittierenden Aufnahmen erzählt, die sogar die österreichische Ibiza-Affäre in den Schatten stellten. „Er brauchte Geld“, sagte Nele. „Job weg, Frau weg, er war am Arsch. Wir wollten da was ausdealen, bloß …“ Bloß hatte er ihr die Videos nie gezeigt.

Nele gab zu, dass sie nur früher einmal kurz frei für Böhmermann gearbeitet hatte. Kais Videos wären ihr Rückkehrticket gewesen. Falls sie hielten, was Kai versprochen hatte.

„Er träumte da von einer halben Million“, sagte sie. „Absolut utopisch. Aber er kam davon nicht runter.“.

„Er hat dir nicht getraut“, erwiderte ich. „Deshalb hat er wohl mich als Vermittler einspannen wollen. Aber wie hast du mich überhaupt gefunden?“

„Routine. Dein Kennzeichen und ein Kontakt zur Polizei. Hast du die Videos? Sei ehrlich.“

Ich behauptete, von Kais Aufnahmen nichts zu wissen. Nele glaubte mir nicht, das sah ich ihr an. Sie zuckte mit den Schultern. „Na gut. Wenigstens haben wir uns mal wiedergesehen.“

Ich brachte sie hinaus, und als ich zurückkam, stand Sophie im Zimmer.

„Wer war das?“, fragte sie.

„Kai wurde umgebracht.“

„Machst du Witze?“

Ich finde heraus, was sie mir verheimlicht, dachte ich. Was meine Frau mit dem Mord an Kai zu tun hat.

Sophie hatte es eilig, ins nahe Dortmund zu fahren, wo sie halbtags in einem Laden für Designmöbel arbeitete. In den nächsten Stunden schnitt ich aus dem Material vom Tatort Kurzbeiträge, die ich an ein paar Sender verkaufte. Weil die Polizei zu Kais Tod eine Pressemeldung veröffentlicht hatte, war die Nachfrage ganz gut.

Am Nachmittag meldete sich mein Appetit. Ich fuhr ins Zentrum, wenn man bei unserer Gemeinde von einem Zentrum sprechen kann, und betrat das Eiscafé Ravello. Alberto, der Wirt, nahm die Bestellung auf und setzte sich zu mir. Er gehörte ebenfalls zu den Mitbegründern des Kulturvereins. Im Unterschied zu mir war er dort noch aktiv.

„Wurde gestern ja ganz schön spät bei eurer Sitzung“, sagte ich.

„Ach was. Sophies Wahl war reine Formsache. Nach einer Stunde waren wir durch.“

Bei mir fiel endlich der Groschen.

„Ist Sophie danach noch mit wem losgezogen?“, erkundigte ich mich.

Er senkte den Blick. Sein Adamsapfel hüpfte.

„Alberto, sei ehrlich zu mir“, ermahnte ich ihn.

„Dr. Jacobi“, antwortete er.

Das Essen kam, aber der Appetit war mir vergangen.

Als ich nach Hause kam, gab die Haustür nach, bevor ich den Schlüssel umgedreht hatte. Ich zögerte einen Moment, dann betrat ich den Flur. Sämtliche Schubladen der Kommode waren herausgerissen.

„Sophie!“

Keine Antwort. So leise wie möglich bewegte ich mich voran. Im Wohnzimmer lagen die Sofakissen zerschlitzt auf dem Boden. Der Schrank war geöffnet, Bilder abgehängt, der Safe zerkratzt, aber noch verschlossen.

Ich rannte nach oben. Mein Arbeitszimmer war verwüstet. Laptop und PC fehlten. Ich checkte die Kameras und das übrige Equipment – sämtliche Speichermedien waren geklaut worden.

Ich tastete nach dem USB-Stick in meiner Hosentasche, und mir fielen die Worte von Kai ein, dem toten Freund: Die sind bei mir eingebrochen.

Ich nahm mir vor, ab jetzt auf der Hut zu sein.

Vor allem vor Autobomben.

Kriminalbeamte nahmen meine Anzeige auf und schickten die Spurensicherung. Ich gab ihnen den Stick, von dem ich sicher war, dass er von Kai stammte. Natürlich hatte ich mir Kopien von den Videos gezogen. Dass darin kurz meine Frau auftauchte, offenbarte ich der Polizei nicht.

Am nächsten Tag erfuhr ich von der Kripo, dass der Einbrecher in meinem Arbeitszimmer DNA-Spuren hinterlassen hatte, die mit solchen in Kais Wohnung übereinstimmten. Also hatte derselbe Täter unsere Wohnungen durchsucht. Und nicht nur das. Er war zudem an einer Kindsentführung in Leipzig und einem Doppelmord in Neapel beteiligt gewesen.

Ich beschloss, bis auf Weiteres meinen Transit stehenzulassen und benutzte stattdessen wechselnde Leihwagen, um Sophie zu verfolgen. Sie fuhr zur Arbeit nach Dortmund sowie zu Privatkunden, die sie in Einrichtungsfragen beriet. Sie besuchte ihre Mutter oder ging zum Sport. Kein Anhaltspunkt für ein Doppelleben.

Ich begann, Alberto zu verfluchen, der mich zu absurden Spekulationen verleitet hatte. Es war doch nichts dabei, wenn Sophie nach einer Vorstandssitzung des Kulturvereins noch ein Glas trinken ging. Auch nicht, wenn Jacobi dabei war.

Am Samstag packte Sophie nach dem Frühstück ihre Sporttasche. Ich folgte ihr nicht, sondern machte mich in einem frisch gemieteten Mini auf den Weg zum Ravello, um mir einen Espresso zu genehmigen und Alberto die Meinung zu geigen.

Doch ein Funke Misstrauen ließ mich dann doch den kleinen Umweg über die Bahnhofstraße nehmen. Vor Mrs. Sporty, dem Fitnessstudio, spähte ich nach dem Wagen meiner Frau. Nichts.

Ich fuhr ostwärts durchs Alte Dorf, nahm die Allee, die durch die Felder führte, und erreichte die Massener Heide. Schicke Häuser, beste Lage, die Besitzer scheuten sich nicht, ihren Reichtum auszustellen.

In der Auffahrt des Hauses, das ich suchte, stand Sophies Auto.

Säulen am Portal, Zierbäumchen umrahmten die Rasenflächen. Die Villa des renommierten Anwalts Dr. Jacobi war das prächtigste Anwesen weit und breit.

Meine Überraschung hielt sich in Grenzen. Ich hatte Gewissheit – fast ein gutes Gefühl.

Sophie kam später als sonst nach Hause und erzählte etwas von einem angeblichen Power-Yoga-Kurs. Ich führte sie nach oben und zeigte ihr das zweite Video auf meinem großen Bildschirm.

Als sie durchs Bild huschte, hielt ich die Einstellung an. „Kannst du mir das erklären?"

„Das bin ich nicht", sagte sie mit geröteten Wangen.

„Hier läuft eine Riesenschweinerei, und ich will wissen, was du damit zu tun hast."

„Nichts!"

„Wer ist der Typ, der das Schienennetz der Bahn kaufen will?"

„Keine Ahnung. Ich war nur zufällig da, weil ich dem Wohnungsbesitzer eine Sitzgarnitur verkauft habe."

„Das ist keine Wohnung, sondern ein Büro. Vielleicht die Kanzlei von Dr. Jacobi an der Opherdicker Straße?"

Sophie lief nach unten. Ich hörte, wie sie leise telefonierte. Dann packte sie im Schlafzimmer ihren Koffer. „Du warst schon immer ein Versager!", giftete sie. „Ich verlasse dich!"

Am Montag traf ich mich mit einem guten Bekannten von der Kripo in Unna, der mich ab und zu mit Informationen versorgte. Ich nannte ihm Jacobis Kanzlei als Drehort der Videos. Möglicherweise hatte Kai, der als Fahrer dort Zugang hatte, heimlich die Handys für die

Aufnahmen platziert. Und der Anwalt steckte hinter dem Mord an Kai. Für mich eine klare Sache.

Zu meinem Erstaunen winkte mein Bekannter ab. Die Spur weise ins Ausland zur N'drangheta, sagte er. Beim entführten Baby in Leipzig handelte es sich um das Kind eines Bordellbesitzers, beim Doppelmord bei Neapel um einen Fall von Blutrache. Die Videos interessierten die Staatsanwaltschaft nicht die Bohne. Auch nicht die drei prominenten Politiker oder der Kirschkernspucker, von dem ich noch immer nicht wusste, wer er war.

Es schien eine Weisung von ganz oben zu geben, diesem Aspekt des Falls nicht weiter nachzugehen. Und obwohl mich das nicht überraschte, kochte in mir die Wut hoch. Ich fing an zu telefonieren.

Am nächsten Tag hatte ich die Aufnahmen an Spiegel und Süddeutsche Zeitung verkauft. Seit sie seinerzeit den Ibiza-Skandal aufgedeckt hatten, kannten sie sich mit solchen Sachen aus – und sie zahlten auch das höchste Honorar.

Danach buchte ich einen dreiwöchigen Seychellen-Urlaub, zu dem ich Nele einlud.

Nach unserer Rückkehr befand sich die Republik in heller Aufruhr. Spitzenpolitiker waren zurückgetreten. Vorgezogene Neuwahlen standen bevor. Der CEO eines DAX-Konzerns saß in Untersuchungshaft. Ich fragte mich, ob er in der Zelle seine Kirschen bekam.

Für seinen Anwalt Dr. Jacobi, dem man unterstellte, der Urheber der Videos zu sein, war Deutschland verbrannte Erde. Er war nach London abgehauen.

Meine Frau war zu ihrer Mutter gezogen. Dort konnte sie von mir aus bleiben.

Ich bot Nele, mit der ich auf den Seychellen sehr gut ausgekommen war, an, zu mir in mein Häuschen zu ziehen. Sie sagte Ja, und wir ließen die Korken knallen. Die Welt war schön, nicht nur auf den Seychellen, auch in Holzwickede.

Am nächsten Morgen erwachte ich mit einem dicken Schädel. Das Telefon klingelte, mein Bekannter von der Polizei war dran. Er hatte ein paar Infos für mich.

Eine Windbö hatte ein Leichtflugzeug kopfüber in eine Baumkrone gedrückt. Drüben beim Segelflugplatz, keinen Kilometer von mir entfernt. Wenn ich mich beeilte, würde ich noch Bilder von der Bergung der überlebenden Insassen für das Morgenmagazin bekommen.

In Windeseile zog ich mich an, drückte der schlafenden Nele einen Kuss auf die Stirn und lief nach draußen zu meinem alten Transit, in dem meine Ausrüstung bereitlag.

Ich zog die Fahrertür zu und drehte den Schlüssel.

Hitze, grelles Licht, ein Stich durchfuhr meinen Leib.

Den Knall und das Zersplittern der Fensterscheiben in ganz Hengserholz bekam ich bereits nicht mehr mit

SCHNEE IN ÜBERSEE

1. Bettina

Sie hatte schon viele kalte Adventstage im Chiemgau erlebt, aber auf dem Friedhof von Übersee erschien es ihr an diesem Morgen kälter denn je. Sie stellte sich die Arbeit des Totengräbers vor. War sicher nicht leicht, im gefrorenen Boden eine Grube auszuheben.

Bettina May beobachtete die Beisetzung ihrer einstigen Schulfreundin aus der Distanz. Ingrid, Flüchtlingskind und evangelisch. Sie waren gemeinsam nach Rosenheim aufs Gymnasium gegangen. Dann hatte Ingrid ihr den Freund ausgespannt und seitdem jeden Kontakt zu Bettina vermieden. Vermutlich aus schlechtem Gewissen.

Oder weil sie fürchtete, Harald wieder zu verlieren.

Jetzt hat sie in der harten Erde ihren Frieden gefunden, dachte Bettina.

Nach langer, schwerer Krankheit, wie es in der Anzeige geheißen hatte. Aber in Wirklichkeit war es Suizid gewesen, weil sie die Schmerzen nicht mehr aushielt. Das hatte Bettina von Harald erfahren.

Er nahm die Beileidsbekundungen entgegen. Bettina wusste, wie er sich fühlte. Sie hatte ihren Mann vor drei Jahren verloren. Ebenfalls kurz vor den Feiertagen. Trotz ihrer beiden Söhne das einsamste Weihnachtsfest ihres Lebens.

Mit großem Getöse raste ein Zug vorbei. Der Eurocity von München nach Salzburg, der nicht in Übersee hielt. Die Bahnstrecke lag gerade mal einhundert Meter von den Bäumen entfernt, die den Friedhof einrahmten.

Die Trauergemeinde löste sich auf. Bettina passte Harald ab. Er blickte sie mit ernsten, großen Augen an. Einmal mehr musste sie daran denken, wie verliebt sie als Teenager in ihn gewesen war.

„Sie hat es überstanden", sagte Bettina. „Der Tod kann eine Erlösung sein."

Harald nickte.

„Ich werde es ihr noch heute nachtun."

„Bettina!"

Sie legte ihre Hand auf seinen Arm.

„Und ich möchte, dass du mir dabei hilfst."

2. Sven

Kreuz Düsseldorf-Süd, noch siebenhundert Kilometer bis zu seinem Heimatort am Chiemsee. Sven May tastete mit klopfendem Herzen nach der halbvollen Sporttasche auf dem Beifahrersitz. Hundertachtzigtausend Euro.

Er stellte sich den Krach vor, mit dem der Schwindel auffliegen würde, wenn er die Löcher in den Konten, von denen er das Geld abgezweigt hatte, nicht bis zum Jahreswechsel wieder stopfen konnte.

Dichter Reiseverkehr, und auf der Strecke nach Bayern würde er noch zunehmen. Die Leute waren unterwegs in den Winterurlaub. Sven hoffte, rechtzeitig anzukommen.

Sein Bruder hatte ihm am Telefon Angst eingejagt.

Sven sagte sich, dass die Zeit bis zu den Feiertagen reichen würde, Mutters Rechnungen zu begleichen, das neue Bauprojekt ins Laufen zu bringen und die Kreditwürdigkeit der Firma wieder herzustellen.

Und wenn nicht? Seine Bank würde ihn vermutlich nicht anzeigen, um keinen Skandal zu riskieren. Aber man würde ihn feuern und dafür sorgen, dass er in seinem Beruf nie wieder einen Fuß auf den Boden bekäme.

Seine Mutter war ihm das wert.

Als er ein Martinshorn vernahm und auf der Standspur von hinten ein Blaulicht heranraste, glaubte er für einen Moment, es gelte bereits ihm. Die vorausfahrenden Autos wirbelten Schmutzwasser hoch, und die Scheibenwischer verschmierten es nur. Sven drückte den Hebel der Sprühanlage, doch die Düsen waren zugefroren.

Er steuerte die nächste Raststätte an, parkte hinter der Tankstelle und betrat den Shop.

Vergeblich – Frostschutzmittel war ausverkauft.

Vor den Toiletten gab ein Angestellter heißes Wasser aus. Bibbernde Autofahrer griffen nach dampfenden Eimern und gossen den Inhalt über die Düsen ihrer Scheibenwaschanlagen.

Sven reihte sich in die Schlange ein. Immer wieder blickte er sich nach seinem Wagen um. Hatte er ihn auch wirklich abgeschlossen?

Dass ihm jemand das Geld klaute, fehlte noch.

Dann wäre alles umsonst.

3. Thomas

„Da schau her, der Tom“, sagte der Spielerberater am

anderen Ende der Leitung. „Woher der plötzliche Sinneswandel?"

Thomas May blickte aus dem Bungalow, den er im weitläufigen Garten seines Elternhauses gebaut hatte. Raureif lag auf den zugefrorenen Fischweihern und der benachbarten Wiese, auf der er als Kind gespielt hatte, wenn kein Training gewesen war.

Damals war die Welt unverwüstlich. Sein Vater lebte noch. Die Baufirma der Eltern florierte.

Thomas dachte an die düsteren Andeutungen seiner Mutter, die sie in letzter Zeit machte.

„Ich brauche das Geld", antwortete er.

„Das hättest du dir eher überlegen müssen."

„Wieso?"

„Der Deal ist längst gelaufen."

Thomas überlegte, wen Bellmann an seiner Stelle bestochen hatte. Vielleicht wollte der raffinierte Kerl aber auch nur den Preis drücken.

„Um das Spiel verlässlich zu schieben ..."

„Spinnst du, Tom? Doch nicht am Telefon!"

„Einer genügt jedenfalls nicht. Du brauchst den Chef der Abwehr."

„Erst machst du einen auf empörte Jungfrau, dann drängst du dich auf, als hinge sonst was davon ab. Wie kommt's?"

Der Judaslohn für ein verlorenes Spiel der dritten Liga würde nicht genügen, um die Firma seiner Mutter zu retten. Aber er würde ihn als Wetteinsatz investieren und im Handumdrehen vervielfachen.

Thomas hatte sich das gründlich überlegt.

„Bist du noch dran?", fragte sein Berater.

„Willst du es richtig machen oder nicht?"

„Wo steckst du gerade?“

„Zu Hause.“

„Okay, ich rufe dich in zehn Minuten zurück.“

4. Bettina

Sie begleitete Harald zu seinem Auto. Die Glocken von Sankt Nikolaus läuteten. Wolken zogen auf und kündigten Schneefall an.

„Es gibt ein Leben nach dem Tod“, sagte Bettina. „Eine zweite Chance.“

„Was redest du? Denk an deine Söhne.“

„Die werden darüber hinwegkommen.“

„Ausgerechnet jetzt, wo der Gemeinderat die neue Ferienanlage genehmigt hat? Egal, ob du die Appartements verkaufst oder vermietest, das wird eine Goldgrube!“

„Ich baue gar nichts mehr“, sagte sie. „Die Bank verweigert mir den Kredit und rät mir, dass ich May-Bau verkaufe. Der Filialleiter steckt mit meiner Konkurrenz unter einer Decke. Die Wölfe fressen das kleine Lamm.“

Zu allem Überfluss saß ihr auch das Finanzamt im Nacken. Sie hatte die Steuer betrogen und etwas Schwarzgeld beiseitegeschafft. Doch davon erzählte sie Harald nichts. Zumal die Summe nicht genügte, um die Firma längerfristig zu retten.

„Arbeitet Sven nicht auch bei einer Bank?“, fragte Harald.

„Als kleines Würstchen. Für die Kreditvergabe ist er nicht zuständig.“

„Und warum gibst du nicht nach und verkaufst die

Firma?“

„Herbert hat das testamentarisch verhindert. Zugunsten der Biber. Die waren ihm wichtiger als ich. Im Fall einer Veräußerung erbt der Tierschutz.“

Harald zeigte kein Anzeichen von Verwunderung. In ganz Übersee war Bettinas Mann als Sonderling und Ökofreak bekannt gewesen.

Es gab nur eine Lösung.

„Was ist jetzt?“, fragte sie. „Hilfst du mir?“

5. Sven

Er schüttete das heiße Wasser über die Scheibenwaschanlage, dann riss er die Tür auf und fuhr mit der Hand in die Adidas-Tasche. Erleichtert fühlte er die Geldbündel.

Mit wild klopfendem Herzen nahm Sven hinter dem Lenkrad Platz und schloss den Gurt. Ich sollte abspecken, dachte er. Er nahm sich das jedes Mal vor, wenn er zu Hause auf seinen Bruder traf, den Leistungssportler.

Mit gesäuberter Scheibe setzte Sven die Fahrt fort. Nachdem er eine Lastwagenkolonne überholt hatte, bemerkte er, dass die Aktion nicht viel genutzt hatte. Der Sprüher war schon wieder zugefroren, und der Dreckfilm vor Svens Augen wurde immer dichter. Er schaltete das Licht ein, damit man ihn wenigstens sah.

Einen Unfall konnte er jetzt nicht gebrauchen.

Er öffnete das Seitenfenster und goss Wasser aus der Trinkflasche auf die Windschutzscheibe. Ganz links erzeugte er damit eine kleine freie Stelle. Die eisige Zugluft ließ seine Ohren schmerzen.

Wieder beschlichen ihn Zweifel, ob sein Plan aufgehen würde. Sollte die Hausbank seiner Mutter einen neuen Kredit trotz seiner Geldspritze verweigern, würde ihm in seiner Firma alles um die Ohren fliegen, sobald man seinen Diebstahl bemerkte.

Es war alles die Schuld seines Vaters. Er hatte verfügt, dass seine Witwe das Familienunternehmen nicht verkaufen dürfe. Andernfalls würden die Biber erben.

Im Vorbeifahren sah er das Schild. Willkommen im Freistaat Bayern. Die Hälfte der Strecke war geschafft.

Sven stellte fest, dass kein Schmutzwasser mehr gegen die Scheibe wirbelte.

Er beschleunigte auf hundertsechzig.

6. Thomas

Er stellte seinen Geländewagen in der Prinzregentenstraße ab und lief in Rosenheims ansehnlich renovierter Altstadt am Nepomukbrunnen vorbei. Bellmanns Maserati war nicht zu übersehen. Protzig parkte er in der Fußgängerzone unmittelbar vor der Gaststätte.

Sein Spielerberater saß im hintersten Eck und ließ sich gerade Bratwürste und ein Weißbier servieren. Er hatte seine üblichen Utensilien vor sich aufgereiht. Smartphone, Tablet und die dicke Armbanduhr, die signalisieren sollte, wie knapp und wertvoll seine Zeit war.

Thomas verstand nicht, warum sie sich in Rosenheim treffen mussten.

Als sei sein Haus in Übersee nicht zu finden.

„Hallo, Tom“, grüßte die Kellnerin.

Thomas bestellte schwarzen Tee mit Zitrone und setzte sich an den Tisch.

„Hast du’s dabei?“, fragte er.

„Wie gewünscht.“ Bellmann hievte eine Tasche mit dem Puma-Logo auf den Stuhl neben sich. „Warum wohnst du eigentlich immer noch am Arsch der Welt? Eine Stunde Fahrtzeit bis zum Training. Mamas Rockzipfel, was?“

„Sie braucht mich.“

„Ist klar, Tom. Aber du musst auch an dich denken. Ich hätte dich längst in die erste Liga vermitteln können. Wolfsburg, Tom. Wie lang willst du warten? Du bist nicht mehr der Jüngste!“

Die Bedienung brachte den Tee und warf einen missbilligenden Blick auf Bellmanns Rolex.

„Danke, Evi“, sagte Thomas.

Als sie gegangen war, fragte der Berater leise: „Es ist doch nicht wegen ihr?“

Thomas lugte zu Bellmanns Tasche hinüber. Endlich würde er seiner Mutter helfen können. Der unterbezahlte Drittliga-Spieler mit Hauptschulabschluss. Nicht sein Bruder, der studierte Banker im fernen Rheinland.

Der Grund für ihre Depressionen würde damit beseitigt sein.

Neulich hatte sie schon über das Leben nach dem Tod gesprochen.

Bellmann schob sich näher und flüsterte: „Du köpfst den Eckstoß des Gegners nicht raus, sondern ins eigene Tor. Oder du verursachst einen Elfer. Als Abwehrspieler hast du alle Optionen. Wichtig ist, dass Verl erst in der zweiten Hälfte die Tore macht, verstanden?"

„Wieso?"

„In Malaysia und Singapur gibt's reiche Chinesen, die wetten auf die absurdesten Dinge."

„Findest du ein Spiel der Löwen absurd?"

Bellmann schüttelte in gespielter Verzweiflung den Kopf.

Thomas nahm die Puma-Tasche an sich. „Ich lebe übrigens nicht hier in Rosenheim. Sondern in Übersee. Noch dreißig Kilometer weiter vom Training entfernt. Vielleicht hast du recht, und es ist der Arsch der Welt. Aber ein sehr schöner. Der See und die Berge. Alles, was man braucht."

Bellmann rückte seine Uhr zurecht. „Lass uns über deine Zukunft sprechen."

Thomas hob die Hände. „Nie und nimmer wechsle ich nach Wolfsburg."

7. Bettina

Draußen dämmerte es. Ihr letztes Stündlein in dieser Welt, dachte Bettina. Sie saß am Stammtisch beim Hinterwirt in der Dorfstraße, ein Herz-Solo in der Hand, das sie gewinnen würde. Sie war die einzige Frau in der Schafkopfrunde der Überseer Geschäftsleute. Der Bürgermeister hatte sich dazugesellt und kibitzte. Manchmal kam auch der Pfarrer vorbei.

Schon früher hatte Herbert ihr das Pflegen der Kontakte überlassen.

Ihm waren die Biber wichtiger gewesen.

Bettinas Mitspieler warteten darauf, dass sie die

erste Karte ausspielte. Sie wählte die grüne Sau, um Kontra zu provozieren.

Der Wirt brachte Getränkenachschub und fragte nach den Aussichten des FC Bayern München in der diesjährigen Champions League. Die dritte Liga war hier kein Thema. Nicht der ältere Münchner Verein, in dem Bettinas jüngerer Sohn spielte.

Sie brachte den letzten Stich nach Hause und strich den Gewinn ein. Ein paar Münzen, die kaum etwas wert waren in dieser Zeit.

Jeder kämpft gegen jeden, dachte Bettina. Und die Kleinen bleiben auf der Strecke. Da nützt selbst die Freundschaft mit dem Bürgermeister nichts.

Immerhin würden sich nach ihrem Tod die Söhne von May-Bau trennen und frei über den Erlös verfügen können. Dann würde die Verfügung ihres verstorbenen Mannes nicht länger von Belang sein.

Bettina bezahlte ihre Zeche.

„Die Gallhuber Ingrid ist heut beerdigt worden", sagte der Wirt. „Eine Erlösung, wenn ihr mich fragt."

Bettina nickte, zog ihren Mantel über und schlang den Schal um den Hals.

Dann machte sie sich auf den Weg.

8. Sven

Auf der Feldwieser Straße rauschte er auf das Ortszentrum zu. An beiden Seiten der Straße türmte sich der beiseite geschobene Schnee mehr als einen Meter hoch. Der leuchtende Weihnachtsschmuck in den Fenstern weckte heimatliche Gefühle in ihm. Plötzlich erschien ihm der Ort seiner Kindheit als ein Anker in der Welt.

Auf der Höhe von Joes American Bar staute sich unerwartet der Verkehr. Die Schranken des Bahnübergangs waren geschlossen. Ganz vorn blinkten Blaulichter.

Polizei und Ambulanz.

Leute waren ausgestiegen, rauchten und unterhielten sich.

Sven rief aus dem Fenster: „Was ist da los?"

„Zerbröselt hat's jemanden", antwortete eine Frau.

In diesem Moment hoben sich die Schranken und die Leute kehrten rasch in ihre Autos zurück. Es ging weiter. Im Vorbeirollen erkannte Sven den Geländewagen seines Bruders, der dicht am Schneewall abgestellt war.

Sven trat abrupt auf die Bremse, die Sporttasche rutschte in den Fußraum. Er kam hinter Thomas' Wagen zum Stehen, stieg aus und rannte los.

Er keuchte und trabte über die Schwellen der Gleisanlage. Er ignorierte das Stechen in seiner Brust. Der Zug war auf der Brücke über den Bach zum Stehen gekommen.

Thomas stapfte ihm entgegen, blass und sichtlich aufgewühlt. „Geh lieber nicht weiter!"

„Wieso?"

„Die Mama. Der Zug hat sie voll erwischt."

„Das kann nicht sein!"

„Doch. Ich hab ihren Mantel erkannt und den roten Wollschal, den sie immer trägt. Den Rest hat der Zug völlig zerfetzt."

Die Schneeflocken wirbelten dichter. Sven riss sich

los und rannte weiter, um sich selbst zu überzeugen.

9. Thomas

Das Telefon schellte. Er ging ran. Ein weiterer Nachbar, der Beileid wünschte. Thomas bedankte sich und legte auf.

„Das war kein Selbstmord", sagte Sven. „Das war Mord! Ihre Bank hat sie umgebracht, indem sie May-Bau ruiniert hat."

„Scheiß auf die Firma. Von mir aus hätten die Biber alles kriegen können."

„Und ich kann mich gleich vor den nächsten Zug schmeißen."

„Sven, was ist los?"

„Es reicht nicht, bis zum zweiten Januar das Geld zurückzubringen. Ich muss auch für Zinsen und Gebühren aufkommen. Das sind Zehntausende, die ich so schnell nicht zusammen bekomme."

Thomas stellte eine Puma-Tasche neben die von Adidas. Er griff hinein und warf Geldbündel auf den Tisch. „Bedien dich, Sven. Ich kann meinen Deal sowieso nicht rückgängig machen. Die Chinesenmafia kennt keinen Spaß, sagt mein Berater."

„Mir kommt da eine verrückte Idee, Tom."

„Was denn?"

„Wie wär's, wenn wir alles auf einen Sieg von Verl setzen?"

Das Telefon klingelte erneut. Keiner ging ran.

Thomas vergrub den Kopf in seinen Armen. Hätte ihre Mutter nicht noch etwas warten können? Ein paar

Stunden nur, und ihre Söhne hätten sie mit Geld überhäuft.

„Es war Mord“, wiederholte sein Bruder und stierte aus dem Fenster.

Thomas räusperte sich. „Warst du schon mal in Wolfsburg?“

10. Bettina

„Soll ich Ihnen die Tasche abnehmen?“, fragte die Stewardess im blauen Kostüm.

„Nein, danke.“

Bettina May nahm ihre Nike-Tasche vom Schoß und schob sie unter den Vordersitz. Ihre gesamte flüssige Habe war darin. Bargeld, das sie vor den Klauen des Finanzamts gerettet hatte. Vielleicht hätte es knapp für die offenen Rechnungen gereicht, aber Bettina gab ihrer Firma ohnehin keine Zukunft mehr.

Sie schloss den Sitzgurt. Dann schnupperte sie noch einmal an ihren Fingern. Sie hatte sich die Hände gründlich auf der Flughafentoilette gewaschen. Dennoch war ihr, als rochen sie nach Verwesung.

Der Flieger startete und legte sich in eine weite Kurve. Bettina beugte sich zum Fenster. Unten flimmerten Lichter. Servus, Heimat, dachte sie. Servus, Winter.

Sie spürte ein Ziehen in den Schultern. Natürlich hatte sie mit angepackt. Harald wäre sonst überfordert gewesen.

Bettina musste niesen. Wahrscheinlich hatte sie sich erkältet, denn beim Ausgraben von Ingrids Leiche war sie fürchterlich ins Schwitzen gekommen. In völliger Dunkelheit die Kleidung auszutauschen, war ebenfalls nicht einfach gewesen. Die kurze Strecke bis zur Bahnlinie war die reinste Quälerei gewesen.

Anschließend hatte sie in der Kälte auf den Zug gewartet, um sicher zu gehen, dass ihr Plan aufging. Erst dann war sie mit dem Mietwagen zum Münchner Flughafen gefahren.

Sie staunte über Haralds Bereitschaft, die Leiche seiner Frau zu opfern. Die letzten Stunden hatten sie diesem Mann nähergebracht.

Für das Finanzamt war sie jetzt tot. Für das dämliche Testament ihres Gatten auch.

Die Jungs würden lernen, ohne die Mutter zurechtzukommen, die alles regelte.

Weihnachten auf Lanzarote.

Und danach sehen wir weiter, dachte Bettina.

Sie würde Thomas und Sven eine Karte schreiben.

Auf jeden Fall würde sie schon bald Harald anrufen

GESPRÄCH

ZWISCHEN
HORST ECKERT
UND
MICHAEL SERRER

Lieber Horst, lass uns gleich mit einer Frage beginnen, die Dir oft gestellt wird: Wann und warum hast Du angefangen, Kriminalromane zu schreiben?

Die Idee kam mir Weihnachten 1993. Ich war immer auf der Suche nach Büchern, nach Literatur, die mich besonders fesselt. Und dann erlebt man oft das Gegenteil; damals habe ich drei Bücher hintereinander gelesen, alle drei Krimis, die aber nicht besonders spannend waren und wo mir vor allem auch die Sprache nicht gefallen hat. Beim dritten habe ich mir schon überlegt: Wie würde ich das formulieren? Und da meldete sich die böse kleine Stimme im Hinterkopf und sagte, wenn du dir einbildest, du könntest es besser, dann probiere es doch mal. So habe ich Anfang 1994 in nur acht Wochen die Rohfassung von meinem Debüt geschrieben. Dabei habe ich gemerkt, wie viel Spaß mir das macht, noch mehr Spaß als mein damaliger Beruf als Journalist. Ich hatte sozusagen Blut geleckt.

Das Journalistendasein hat Dir ja auch Spaß gemacht, was hat Dir da am meisten Freude bereitet, das Formulieren oder das Recherchieren?

Als Reporter weder noch, das Formulieren ist da immer ein bisschen an zweiter Stelle gewesen, leider. Ich habe für das Fernsehen gearbeitet, da stehen die Bilder im Vordergrund, die Sprache muss sich ihnen unterordnen. Was mir am meisten Spaß gemacht hat, war mit jedem Beitrag, den ich gemacht habe, etwas Neues kennenzulernen. Mir immer wieder neue Themen aneignen zu können.

Was weißt Du bei einem neuen Buch am Anfang? Hast Du zuerst eine Figur vor Augen, der etwas zustößt oder die als Ermittelnde ins Spiel kommt, und dann kommen die Nebenfiguren? Oder beginnst Du mit der Handlung, also dem Verbrechen und der Aufklärung?

Es ist unterschiedlich. Die Initialzündung für eine Geschichte kann das Thema sein, es kann aber auch irgendeine Kleinigkeit sein, die mich in der Zeitung anspringt, oder eine Begebenheit im Bekanntenkreis, manchmal auch eine interessante Figurenkonstellation. Damit kann ich aber noch nicht arbeiten, da muss noch viel Fleisch ran, bis ich das Gefühl habe, jetzt steht die Geschichte und jetzt kann ich sie schreiben. Und wie ich damit umgegangen bin, das hat sich verändert im Lauf der Zeit.

Bei meinen ersten zehn oder elf Romanen wollte ich im Detail wissen, was in jedem Kapitel geschieht, bevor ich anfing zu schreiben. Ich baute mir einen detaillierten Plan. Manchmal sind mir dabei schon Dialogfetzen eingefallen, die ich notiert und verwendet habe, so dass das eigentliche Schreiben nur noch das technische Zusammenfügen und das Feilen an der Sprache war.

Das hat sich allerdings verändert, denn ich habe die Erfahrung gemacht, dass meine Figuren sich manchmal nicht an meinen Plan halten wollen. Ich komme an einen Punkt, wo sich eine erstaunliche Wendung in der Geschichte ergeben sollte, die ich ursprünglich für eine grandiose Idee hielt, vielleicht sogar für einen Höhepunkt im Roman. Und dann will ich das entsprechende Kapitel schreiben und merke, das passt gar nicht zu meinen Figuren, die ich inzwischen besser kenne als noch in der Planungsphase. Sie würden sich niemals so verhalten. Also muss ich entweder meine Figuren ändern oder vom Plan abweichen, und das einfachere ist fast immer, vom Plan abzuweichen und lieber den Figuren zu folgen und in sie hineinzuhorchen: Wie tickst du und wie würdest du dich in dieser Krisensituation wirklich verhalten?

Deshalb schreibe ich jetzt etwas intuitiver. Es genügt, die Handlung im Groben zu kennen. Ich weiß natürlich Anfang und Ende. Ich muss den Mörder vorab kennen, das will ich nicht der Intuition überlassen, denn die ist eventuell zu schwach. Der Mord sollte gut durchdacht sein, den begeht man nicht einfach so, da muss sehr viel zusammenkommen. Aber von Kapitel zu Kapitel lasse ich meinen Figuren auch mal freien Lauf, weil ich die Erfahrung gemacht habe, dass ich mich dabei auf meine Fantasie verlassen kann. Die liefert schon und füllt die Lücken im Plan, wie es die Figuren brauchen.

Und wenn ich in verschiedenen Handlungssträngen erzähle, müssen sie sich harmonisch und in einem guten Rhythmus abwechseln, damit die Spannung nicht abfällt.

Ist es eines der Geheimnisse Deiner Fähigkeit, Spannung zu erzeugen, dass Du souverän diese Vielfalt der Stränge beherrschst?

Es gibt verschiedene Mittel, Spannung zu erzeugen, und dazu gehört der Wechsel der Handlungsstränge bzw. Perspektiven. Der zentrale Punkt ist, eine drängende Frage aufzuwerfen oder eine Art von Unsicherheit oder Bedrohung zu schildern, die am Anfang noch vage ist, so dass man nicht mal genau weiß, was da konkret droht. Und nicht gleich zu Beginn herausplatzt mit allen Informationen über eine Figur, sondern vieles offenlässt. Die Figur wird interessant, weil man selbst Fragen an sie hat. Warum ist sie so, warum verhält sie sich so? Und diese Fragen werden peu à peu beantwortet, während man der Figur mit Interesse und Empathie durch die Handlung folgt.

Und Du hast diese Fragen vorher für Dich selbst schon alle geklärt?

Meistens ja, sonst könnte ich die Frage gar nicht öffnen. Wenn ich die Figur nicht kenne, kann ich sie nicht rätselhaft machen. Ich sollte schon die Antwort auf die Frage kennen. Manchmal fällt mir das allerdings auch erst im Lauf des Schreibens ein oder ich wache morgens auf, und wenn es noch zu früh ist aufzustehen, denke ich über meine Figuren nach. Und dabei fallen mir fast immer interessante Details ein und ich erkenne, ah, ich muss den Anfang nochmal nachjustieren. Je besser ich meine Figur kenne, desto besser funktioniert das.

Und mit der Handlung ist es das Gleiche, man darf ja nicht am Anfang schon wissen, wo es hingeht. Durch die Offenheit wird Spannung erzeugt. Und hier kommt die Sache mit den parallelen Handlungssträngen ins Spiel: Wenn eine Frage sich besonders aufdrängt, beende ich das Kapitel am besten – das ist dann der beliebte Cliffhanger. Statt die Antwort zu liefern, wechsle ich erst einmal Schauplatz und Perspektive. Das verlängert die Spannung und erzeugt einen Sog. So sind meine Kapitel in den letzten Jahren kürzer geworden, ich schreibe pointierter. Und die Leserresonanz gibt mir recht, die Leute sagen: Ich musste die halbe Nacht weiterlesen, denn es war ja immer nur noch ein kurzes Kapitel. Ich wollte wissen, wie es weitergeht, und vor lauter Spannung habe ich die Zeit vergessen.

Lesen muss in erster Linie Spaß machen. Wie auch Reich-Ranicki immer gesagt hat: Ohne Unterhaltung taugt das alles nichts. Natürlich kann man sich auf den verschiedensten Niveaus unterhalten lassen, das ist ein ganz anderes Thema, aber Unterhaltung muss sein.

Deine Figuren, auch die Polizisten, haben nie ein ganz reines Herz. Manche LeserInnen ärgern sich darüber, dass es nicht einfach nur gute weiße Ritter gibt, sondern dass selbst der Ermittler eine Leiche im Keller hat oder einen Ehebruch im Dachgeschoss. Und dann antwortest du in der Regel: „Wie wollen sie es denn haben? Wollen Sie, dass es spannend ist? Spannung entsteht eben dadurch, dass etwas nicht eindeutig ist."

Ich kann durchaus eine Hauptfigur als grundguten Menschen zeichnen. Vincent Veih ist so einer. Er kann zwar auch Fehler machen, aber die verzeiht man ihm, denn er will ja das Gute. Er ist längst nicht so ambivalent wie andere Figuren, aber ich mag ihn.

Es gibt ganz unterschiedliche Leseerwartungen. Manche Leserinnen und Leser kommen nicht damit zurecht, wenn ein Mensch in Versuchung gerät, etwas

Fieses zu machen. Sie wollen das nicht lesen oder verstehen die Versuchung nicht. Wie Kinder, die Gut und Böse immer klar getrennt haben wollen. Ich finde es aber viel interessanter, wenn Leute, vielleicht aus einem guten Motiv, falsch handeln und sich dadurch in Schwierigkeiten manövrieren, was es umso spannender macht. Plötzlich haben sie etwas zu verbergen und wir drücken ihnen womöglich die Daumen, obwohl sie eine Schweinerei ausgelöst haben.

Das leuchtet ein, man sympathisiert dann mit ihnen. Aber wenn man sich z.B. eine meiner Lieblingsserien, die „Sopranos", anschaut, in der eine Figur wie Tony Soprano, ein Mafiaboss, brutale Morde anordnet und begeht – und wir ihn doch als einen netten Kerl sehen. Jetzt mal überspitzt gesagt: Wenn nicht Tony Soprano acht Jahre lang die amerikanische Mentalität verdorben hätte, nach dem Motto: „Ach, so ein Bandenchef ist einer, mit dem man Spaß haben kann" – vielleicht hätte Donald Trump eher nicht die 2016er US-Wahl gewonnen. Ein Politiker, der sagt: „Ich kann auf den Times Square gehen und jemanden erschießen, meine Wähler wählen mich trotzdem."

Die Frage nach der Wirkung von Literatur bewegt mich auch. Ich denke inzwischen anders über manche meiner Romanfiguren von früher. Da hat z.B. ein Typ, der ansonsten Sympathieträger war, auch mal rassistische Sprüche abgelassen, weil ich mir gedacht hab, das ist Teil unserer Gesellschaft, und warum soll ich das nicht abbilden. Aber im Grunde gehört es sich nicht. Man verletzt Menschen.

Literatur ist nicht bloß ein Abbild der Gesellschaft, sondern beeinflusst sie auch. Nicht nur das, was wir reden und auf sozialen Netzwerken mitteilen, sondern auch das, was wir in Bücher schreiben, hat eine Rückkopplung, und deswegen überlege ich jetzt mehr als früher: Was schreibe ich, wozu schreibe ich, was will ich damit und was soll mein Thema sein?

Deine Leser unterscheiden sich – grob gesagt – in Düsseldorfer und Nicht-Düsseldorfer. Die einen sehen den großen Vorteil der Bücher darin, das vertraute Stadtviertel zu erkennen; den anderen ist der Schauplatz egal oder sie erkennen in Düsseldorf sogar ihren eigenen Ort wieder, denn die verhandelten Themen spielen hier wie dort eine Rolle.

Oft wird mir die Frage gestellt, ob das, was ich schreibe, Düsseldorf-Krimis sind, und ich antworte gern: „Sind die Buddenbrooks ein Lübeck-Roman?“ Ja, natürlich sind sie das, aber nicht in erster Linie. Ich schreibe für jeden, der spannende Literatur lesen möchte, den das Thema interessiert und der Lust hat, meine Figuren kennenzulernen; den Handlungsort kann man nebenbei erleben, quasi als Bonus obendrauf.

Mir ist mal etwas Witziges passiert bei einer Lesung. Es ging um einen Roman, wo etwa auf Seite 90 der Bösewicht eine halbe Familie ermordet – d.h. es wird der Tatort gefunden mit mehreren Toten. Mein Ermittler gibt über Funk die Adresse durch, und ich habe nicht nur die Straße, sondern auch die Hausnummer genannt. Beim Signieren meinte ein Lesungsgast ganz stolz: „Das Haus, in dem die Familie ermordet wird, da wohne ich!“ Dann fragte er noch: „Woher wissen Sie, welches Auto meine Nachbarn fahren?“ Das fand ich wiederum lustig, denn der Fahrzeugtyp entsprang einzig und allein meiner Fantasie. Ich hatte überlegt, welches Viertel passt zum Milieu, über das ich schreibe, welche Autos fahren die Leute dort. Es ging um Mittelschicht-Familien, nicht um Singles, und die fahren eher einen Mittelklasse-Kombi als einen Kleinwagen. Zufällig habe mit der Marke ins Schwarze getroffen. Mein Gesprächspartner dachte, ich hätte sein Viertel ausgespäht, was gar nicht der Fall war.

Du zitierst gerne den Anfang von Friedrich Schillers Erzählung „Der Verbrecher aus verlorener Ehre“. Dort heißt es: „Leichenöffnungen, Hospitäler und Narrenhäuser haben das hellste Licht in der Physiologie angezündet. Die Seelenlehre, die Moral, die gesetzgebende Gewalt sollten billig diesem Beispiel folgen, und ähnlicherweise aus Gefängnissen, Gerichtshöfen und Kriminalakten – den Sektionsberichten des Lasters – sich Belehrungen holen. – In der ganzen Geschichte des Menschen ist kein Kapitel unterrichtender für Herz und Geist, als die Annalen seiner Verirrungen.“

Ist das nicht eine wunderbare Begründung für das Genre Kriminalliteratur? Sie geht weit über das Oberflächliche, Spannung und Unterhaltung, hinaus und trifft genau das, was mich interessiert.

Das sind die Psyche des Menschen und die Moral der Gesellschaft. Und es geht um Aufklärung. Um mit Schillers Worten zu sprechen: Um mich zu „unterrichten“, brauche ich freien Zugang zu den „Sektionsberichten des Lasters". Es braucht einen freien Geist, damit Kriminalliteratur etwas taugt. Es gab zwar auch während der NS-Diktatur und in der DDR eine blühende Krimi-Produktion. Aber da mussten die Bösen immer die anderen sein. In der Nazizeit geschah der Mordfall z. B. auf einem Kreuzfahrtschiff mit internationalem Publikum, und der deutsche Held klärt den Fall, und der Böse ist der Amerikaner. Und in der DDR war es der Klassenfeind aus dem Westen und der brave Vopo hat alles gerichtet. Solche Schemata bringen keine interessante Literatur hervor. Nicht umsonst sind die Bücher aus diesen Zeiten in der Versenkung verschwunden, keiner kennt sie mehr. Ich glaube, eine Vielfalt an guter Literatur kann erst in einer freien Gesellschaft entstehen. Ohne Zensurschere, auch ohne die im eigenen Kopf.

In Besprechungen Deiner Bücher schneidest Du zurecht sehr gut ab, gelobt wirst Du für die Spannung, für die schlafraubenden Pageturner, für die Detailgenauigkeit, für die Charakterstudien. Aber es gibt nicht nur die Kritik, es gibt auch viele Jurys, die sich dafür entscheiden, Dich mit einem Preis zu versehen. Unter den vielen Preisen, die Du im Laufe deiner 30 Jahre als Kriminalschriftsteller bekommen hast, gibt es da welche, die Dir besonders wichtig oder lieb sind?

Von einer entscheidenden Wichtigkeit war mein allererster Preis, denn der kam in einer Phase, wo ich noch hauptberuflich Journalist war und gezweifelt habe, ob das überhaupt Sinn ergibt, Krimis zu schreiben. Es zeichnete sich nicht ab, dass ich einmal davon leben könnte. Stattdessen war mein Privatleben beeinträchtigt. Ich kam von der Arbeit nach Hause, bin im Arbeitszimmer verschwunden, habe die Tür hinter mir zugemacht und war nicht ansprechbar. Weil das langfristig nicht weitergehen konnte, überlegte ich, das Schreiben an den Nagel zu hängen. Doch da bekam ich den Marlowe-Preis der damaligen Raymond-Chandler-Gesellschaft in Ulm. Auf einmal sollte mein drittes Buch der beste deutschsprachige Kriminalroman des Jahres sein. Meine Frau und ich sind zur Verleihung gefahren und nachdem wir die Laudatio hörten, waren wir uns einig, dass ich weitermachen muss, wenn davon nur die Hälfte stimmt. Im Rückblick sicher eine gute Entscheidung. Man kann sagen, der Preis hat meinen Lebensweg beeinflusst.

Zu den großen Auszeichnungen zählt der Friedrich-Glauser-Preis, der von einer Jury aus Kollegen vergeben wird. Wenn die eigene Zunft einen aufs Schild hebt, ist das eine Riesenehre, die einen schier umhaut. Der Preis hat auch etwas bewirkt, was Auflage und Bekanntheitsgrad anbelangt, und es mir erleichtert, kurz darauf meinen Erstberuf als Journalist an den Nagel zu hängen. Also nichts gegen Preise! Auch wenn ich mich immer wieder frage, ob sie immer berechtigt sind, vor allem, wenn ich sie nicht kriege (lacht).

Es ist erfreulich, dass Du vom Schreiben leben kannst, Du machst auch andere Dinge, gibst Workshops und unterrichtest bisweilen jüngere KollegInnen, aber vom Schreiben selbst, durch die Verkäufe und durch Lesungen kannst du Deinen Lebensunterhalt bestreiten. Welches deiner Bücher hatte den größten ökonomischen Erfolg?

Vermutlich „Die Zwillingsfalle", die den genannten Glauser-Preis bekommen hat, das war zwar kein Bestseller, aber ein Longseller. Gut läuft auch bis heute „Im Namen der Lüge", der erste Band meiner aktuellen Reihe um Vincent Veih und Melia Adan. Es ist nicht leicht, vom Schreiben zu leben. Insofern kann ich sehr zufrieden sein damit, dass mir das gelingt.

Die Preise galten deinen Romanen. Du schreibst aber neben Romanen auch Kriminalerzählungen. Davon sind einige in diesem Buch versammelt.

Um ehrlich zu sein: Ich käme nicht ohne Auftrag auf die Idee, eine Kurzgeschichte zu schreiben, denn so etwas verkauft sich nur im Rahmen einer Anthologie, bei der ein Herausgeber zu Beginn sagt: „Möchtest du da nicht was beisteuern?" „Der geniale Zetteltrick" zum Beispiel, das war eine Auftragsarbeit der WELT. Das Jahr, als ich den Glauser-Preis bekommen hatte, war auch das Jahr, in dem die Umstellung von DM auf EURO bevorstand. Da fragte mich der Leiter der Literarischen Welt: „Magst du nicht für uns einen kurzen Krimi schreiben, der die Währungsumstellung thematisiert? Mit dieser konkreten Vorgabe ist mir relativ rasch eine Idee gekommen, so dass ich zusagen konnte. Und das Ergebnis ist, wunderschön illustriert, auf einer Doppelseite der Literarischen Welt erschienen.

Auch die weiteren Geschichten in diesem Band sind Auftragsarbeiten. Oft ist der Herausgeber ein Autor, der mich vielleicht kennt oder zumindest meinen Namen schon mal gehört hat und mich gern dabeihätte.

Manchmal besteht die Vorgabe auch im Handlungsort. Das Festival „Mord am Hellweg“ z.B. findet alle zwei Jahre statt, und immer gibt es eine Anthologie dazu. In jeder Geschichte muss ein Mord geschehen, und der Handlungsort befindet sich in der Hellweg-Region. An diesen Anthologien habe ich schon sechs Mal teilgenommen, zuletzt mit dem „Holzwickede-Komplott“.

Deine Erzählungen sind überschaubar lang. Wir beide haben uns gedacht: Wir wollen die Menschen neugierig machen. Aber hätten wir jetzt fünf Romananfänge genommen, dann würden die LeserInnen wissen wollen, wie es weitergeht; bei Auszügen aus der Mitte fragt man sich, wer all die genannten Personen sind. Und ausschließlich die letzten Kapitel eines spannenden Romans wollten wir natürlich auch nicht nehmen.

Mir gefällt diese Auswahl sehr. Meine persönlichen Lieblinge. Und eine Kurzgeschichte hat ihren ganz eigenen Reiz. Sie unterscheidet sich von einem Roman ja nicht nur in der Länge. Sie wird auf den Schluss hin geschrieben. Das Ende ist stets die Pointe der Kurzgeschichte. Und wenn der gesamte Text abgedruckt wird – dann verraten wir hier auch gern den Schluss.

BIOBIBLIOGRAFISCHE ANGABEN

NACHWEISE

Der geniale Zetteltrick, zuletzt in: Niederrhein-Blues und andere Geschichten, Grafit 2010.

Ex und hopp, Padermorde, Gmeiner 2018.

Wege zum Ruhm, Blutgrätsche Weltmeisterkrimis, Grafit 2006.

Das Holzwickede-Komplott, Jubiläumsmorde Mord am Hellweg X, Grafit 2021.

Schnee in Übersee, Tatort Weihnachten, Heyne 2023.

BIOBIBLIOGRAFIE

1959 in Weiden/Oberpfalz geboren.

Zivildienst am Krankenhaus Erbendorf.

Studium der Politischen Wissenschaften an der FAU Erlangen und der FU Berlin.

Seit 1987 in Düsseldorf lebend, verheiratet mit der Grafikerin und Malerin Kathie Wewer.

Fünfzehn Jahre Arbeit als Fernsehjournalist, u.a. für die „Tagesschau" und das „RTL-Nachtjournal".

Nacht der Verräter. Heyne: München 2024

Die Macht der Wölfe. Heyne: München 2023

Das Jahr der Gier. Heyne: München 2022

Die Stunde der Wut. Heyne: München 2021

Im Namen der Lüge. Heyne: München 2020.

Der Preis des Todes. Wunderlich: Reinbek 2018.

Wolfsspinne. Wunderlich: Reinbek 2016.

Schattenboxer. Wunderlich: Reinbek 2015.

Schwarzlicht. Wunderlich: Reinbek 2013.

Schwarzer Schwan. Grafit: Dortmund 2011.

Niederrhein-Blues (Kurzgeschichten). Grafit: Dortmund 2010.

Sprengkraft. Grafit: Dortmund 2009.

Königsallee. Grafit: Dortmund 2007.

Der Absprung (Kriminalerzählung). Edition Nautilus: Hamburg 2006.

617 Grad Celsius. Grafit: Dortmund 2005.

Purpurland. Grafit: Dortmund 2003.

Ausgezählt. Grafit: Dortmund 2002.

Die Zwillingsfalle. Grafit: Dortmund 2000.

Finstere Seelen. Grafit: Dortmund 1999.

Aufgeputscht. Grafit: Dortmund 1997.

Bittere Delikatessen. Grafit: Dortmund 1996.

Annas Erbe. Grafit: Dortmund 1995.

LITERARISCHE AUSZEICHNUNGEN

2024 Preis der Heinrich-Böll-Stiftung Baden-Württemberg („bester Politkrimi") für „Die Macht der Wölfe".

2023 Arbeitsstipendium der Stadt Düsseldorf für „Die Macht der Wölfe".

2023 Ebner-Stolz-Preis der Stuttgarter Kriminächte („bester Wirtschaftskrimi") für „Das Jahr der Gier".

2022 Silberne Lupe des Crime Cologne Festivals für „Das Jahr der Gier".

2020 Silberne Lupe des Crime Cologne Festivals für „Im Namen der Lüge".

2017 Herzogenrather Handschelle für „Wolfsspinne".

2016 Arbeitsstipendium der Stadt Düsseldorf für „Wolfsspinne".

2011 Publikumspreis Krimiblitz des Portals Krimi-Couch für „Schwarzer Schwan".

2011 Arbeitsstipendium der Stadt Düsseldorf für „Schwarzer Schwan".

2010 Nominierung zum Friedrich-Glauser-Preis für „Sprengkraft".

2010 Krimistipendium der Stadt Wiesbaden.

2008 Auteur en Residence des Départements Gironde.

2006 Nominierung zum Friedrich-Glauser-Preis für „Wege zum Ruhm" (Kurzgeschichte).

2005 Nominierung zum Friedrich-Glauser-Preis für „Juwelen am Hellweg" (Kurzgeschichte).

2001 Friedrich-Glauser-Preis für „Die Zwillingsfalle".

1998 Nominierung zum Friedrich-Glauser-Preis für „Aufgeputscht".

1998 Marlowe-Preis der Raymond-Chandler-Gesellschaft für „Aufgeputscht".